Las bendiciones de la
AMISTAD

Las bendiciones de la amistad
Serie sobre mujeres de Enfoque a la Familia®
Publicado por Casa Creación
Una compañía de Strang Communications
600 Rinehart Road
Lake Mary, Florida 32746
www.casacreacion.com

No se autoriza la reproducción de este libro ni de partes del mismo en forma alguna, ni tampoco que sea archivado en un sistema o transmitido de manera alguna ni por ningún medio –electrónico, mecánico, fotocopia, grabación u otro– sin permiso previo escrito de la casa editora, con excepción de lo previsto por las leyes de derechos de autor en los Estados Unidos de América.

A menos que se indique lo contrario, todos los textos bíblicos han sido tomados de la *Santa Biblia, Nueva Versión Internacional* (NVI), © 1999 por la Sociedad Bíblica Internacional. Usado con permiso.

Otros textos bíblicos han sido tomados de la versión Reina-Valera, de la *Santa Biblia*, revisión 1960. Usado con permiso.

Copyright © 2005 por Enfoque a la Familia
Todos los derechos reservados

© Copyright 2004 by FOCUS ON THE FAMILY
Originally published in the USA by Regal Books,
A Division of Gospel Light Publications, Inc.
Ventura, CA 93006 U.S.A.
All rights reserved

Traducido y editado por: *Belmonte Traductores*

Diseño interior por: *Grupo Nivel Uno, Inc.*

Library of Congress Control Number: 2005925361

ISBN: 1-59185-501-2

Impreso en los Estados Unidos de América

05 06 07 08 ❖ 8 7 6 5 4 3 2 1

contenido

Introducción 5

Sesión uno 8
La función de las relaciones: De regreso al comienzo
Las mujeres necesitan relaciones las unas con las otras; ¡es así como Dios nos diseñó! Sin esas relaciones, estaríamos aisladas y nos sentiríamos desgraciadas.

Sesión dos 16
Clase básica sobre relaciones: El modelo perfecto
Dios ha proporcionado un modelo para que lo sigamos y que no nos extendamos 500 kilómetros a la redonda pero con un solo centímetro de profundidad.

Sesión tres 26
Tender la mano: Cómo alentar a los demás
Ya sea hablando, escribiendo o actuando, el aliento es una de las mayores bendiciones que podemos brindar a nuestras amigas; y la mejor parte es esta: ¡no nos cuesta nada!

Sesión cuatro 36
Preparadas para revelarnos: Cómo ser sinceras y vulnerables
La Escritura nos enseña que soportemos las cargas los unos de los otros, que confesemos nuestros pecados los unos a los otros y que seamos sinceros con los demás sobre el estado de nuestro corazón. ¿Cómo podemos vencer el ambiente individualista que empapa nuestra sociedad?

Sesión cinco 46
    ¡Ring! ¡Ring! ¿Hay alguien en casa?: El delicado arte de escuchar
    Nuestras escuelas nos han formado para que podamos hablar
    en público, ¿pero qué le ocurrió al delicado arte de escuchar?
    Escuchar a los demás es una parte vital de cualquier relación,
    y en especial de las amistades.

Sesión seis 55
    Cómo recibir y aplicar corrección: Revestidas de gracia y humildad
    Nadie puede escapar al delicado asunto de la confrontación, ya
    sea al estar en el lado de aplicarla o en el de recibirla. La buena
    noticia es que la corrección no tiene por qué ser desagradable.

Sesión siete 65
    Rescate del naufragio: El perdón
    Siempre que haya dos personas que estén muy próximas la una
    a la otra durante cualquier período de tiempo, alguna de ellas
    resultará herida. Sin perdón, todas nuestras amistades serían
    extremadamente cortas.

Sesión ocho 74
    Resultado de las relaciones correctas: Las bendiciones de la amistad
    Las relaciones correctas son los ligamentos que sostienen en el
    Cuerpo de Cristo. Cuando las relaciones están unidas por el
    compromiso, la aceptación incondicional, la honestidad, la
    vulnerabilidad, el perdón y el respeto, crecemos y nos edificamos
    los unos a los otros en amor.

Guía de discusión para líderes 83

introducción

LAS BENDICIONES
DE LA AMISTAD

Si una amiga le llama contándole una historia de dolor o crisis familiar, ¿dejará usted lo que esté haciendo para ayudarla? Claro que sí: eso es lo que hacen las amigas. A medida que usted la escucha compartir su historia y llorar por la situación, su corazón también llora. Pero aunque nuestros corazones anhelan llevar las cargas de otras personas, esas cargas no son nuestras para tener que llevarlas; en última instancia, solamente Jesús puede llevar esas cargas. Lo único que usted puede hacer es llorar con ella, orar con ella, creer en ella y regocijarse junto con ella cuando llegue el gozo en la mañana (ver Salmo 30:5). Para eso, ella necesita una amiga; y la amistad es lo que usted puede ofrecer.

En una reciente reunión de líderes de ministerios de mujeres, las conferencistas emplearon una cantidad de tiempo considerable hablando de las actuales necesidades de la Iglesia y compartiendo muchas ideas sobre posibles soluciones. Una de las mayores preocupaciones que se expresó fue la aparente epidemia de relaciones huecas entre las mujeres. En una era en la que las familias rotas, el declive moral y las presiones de todo tipo van peligrosamente en aumento, nuestro sistema de apoyo dado por Dios es muy poco sólido. ¿Qué ha ocurrido? ¿Por qué parece que *conocemos* a más personas que nunca y, sin embargo, somos realmente *conocidas* cada vez por menos personas? ¿Qué le ha pasado al sistema de apoyo femenino del que nuestras madres y abuelas disfrutaron?

Las bendiciones de la amistad es un viaje de retroceso en el tiempo, una mirada a los días pasados en que las mujeres se honraban mutuamente, tenían tiempo para invertir en las vidas las unas de las otras y realizaban el esfuerzo consciente de edificarse mutuamente en justicia. Quizá aquellos días no estén tan lejos, después de todo.

Ya sea que realice usted este estudio sola, con una consejera o con un grupo de mujeres, prepárese para encontrar nuevo significado y satisfacción, a medida que estudia los principios eternos de Dios acerca de las relaciones.

SERIE PARA EL MINISTERIO DE MUJERES DE ENFOQUE A LA FAMILIA

Esto es lo que pido en oración: que el amor de ustedes abunde cada vez más en conocimiento y en buen juicio, para que disciernan lo que es mejor, y sean puros e irreprochables para el día de Cristo, llenos del fruto de justicia que se produce por medio de Jesucristo, para gloria y alabanza de Dios.
FILIPENSES 1:9-11

El objetivo de esta serie es ayudar a las mujeres a identificar quiénes son, basándose en su naturaleza única y en la luz de la Palabra de Dios. Esperamos que cada mujer que sea tocada por esta serie comprenda el inescrutable amor de su Padre celestial por ella y que su vida tiene un propósito y un valor divinos. Esta serie también tiene un objetivo secundario: que a la vez que las mujeres persigan su relación con Dios, también comprendan la importancia de edificar relaciones con otras mujeres para enriquecer sus propias vidas y crecer personalmente, al igual que ayudar a otras mujeres a comprender su valor y su propósito dados por Dios.

Visión de conjunto de la sesión

Las bendiciones de la amistad puede utilizarse en diversas situaciones, incluyendo grupos de estudios bíblicos, clases de escuela dominical o relaciones con los consejeros. Y los individuos también pueden utilizar este libro como herramienta de estudio en su hogar.

Cada sesión contiene cuatro componentes básicos.

Mujer en la vida cotidiana

Esta sección presenta el tema de la sesión, al proporcionarle una perspectiva personal de la vida de una mujer común y corriente —alguien con quien pueda identificarse—, y hace preguntas sagaces para ayudarla a enfocarse en el tema de la sesión.

Sabiduría eterna

Esta es la parte del estudio bíblico en la cual leerá la Escritura y contestará preguntas para ayudarla a descubrir las verdades de la Palabra de Dios que perduran.

Una esperanza inquebrantable

Esta sección proporciona preguntas y comentarios que la alientan a poner su esperanza en el plan de Dios.

Vida diaria

Esta sección constituye un tiempo para reflexionar sobre las formas en que Dios la esté llamando a cambiar, al sugerirle pasos que usted puede dar para llegar a ese punto. Además, constituye un tiempo para que todo el grupo ore y se anime mutuamente.

Escribir un diario

La animamos a que escriba un diario mientras esté trabajando en este estudio. Un diario personal relata su viaje espiritual, anotando oraciones, pensamientos y eventos que se producen a lo largo del camino. Releer anotaciones pasadas es un ejercicio que edifica la fe y le permite ver cómo Dios ha obrado en su vida: resolviendo una situación, cambiando una actitud, respondiendo sus oraciones o ayudándola a ser más semejante a Cristo.

Guía de discusión para líderes

Se incluye una guía de discusión para líderes al final de este libro para ayudar a las líderes a fomentar la participación, dirigir las discusiones y desarrollar las relaciones.

Hay más ayudas adicionales para dirigir grupos pequeños o mantener relaciones de consejería en la *Guía para el ministerio de mujeres de Enfoque a la Familia*.

sesión uno
LA FUNCIÓN DE LAS
relaciones
DE REGRESO AL COMIENZO

*Más valen dos que uno, porque obtienen más fruto de su esfuerzo.
Si caen, el uno levanta al otro. ¡Ay del que cae y no tiene quien lo levante!
Uno solo puede ser vencido, pero dos pueden resistir.
¡La cuerda de tres hilos no se rompe fácilmente!*
ECLESIASTÉS 4:9-10, 12

MUJER EN LA VIDA COTIDIANA

Las hojas otoñales crujían bajo los pies de las dos mujeres, dejando tras ellas un rastro de confeti amarillo, rojo y marrón en el sendero del parque. Unos altos árboles enmarcaban el parque como si tuvieran pinturas en sus ramas, vivas con los colores del otoño, mientras que las últimas currucas y ocas del invierno se apresuraban a alcanzar a sus amigos que se dirigían hacia el sur. Sonia y Victoria habían transitado ese sendero una vez a la semana hacía ya casi un año; aquel era un tiempo que ambas habían llegado a atesorar. Se pasaron el primer cuarto de kilómetro intentando hacer redondeles con su congelado aliento; luego lo dejaron soltando unas carcajadas.

—¿Y cómo te ha ido la semana, Victoria?—preguntó Sonia.

—¿Sinceramente?—comenzó Victoria.

—Sí, sinceramente—replicó Sonia con una risita comprensiva.

—Bien... Ricardo y yo no hemos mantenido una conversación decente en toda la semana, nuestro adolescente no quiere abrir la puerta de su cuarto, y yo me siento un completo fracaso como esposa y madre. Aparte de todo eso, bastante bien, supongo.

Se produjo una pausa, y luego añadió:

—Sencillamente no comprendo cómo todo el mundo parece tenerlo todo solucionado. ¿Soy yo la única que se siente totalmente aislada? ¿Cómo puede Ricardo llegar a casa después de un largo día en el trabajo y querer solamente ver la televisión? ¿Es que no necesita *hablar* sobre las cosas?—Victoria dio un suspiro.

Sonia puso su brazo en el hombro de su amiga.

—Qué bueno que aún nos quedan unos cuantos kilómetros de caminata, ¿eh?[1]

No es ningún error que nuestras amigas algunas veces nos comprendan mejor que nuestro cónyuge o nuestros familiares.

1. Describa un tiempo de su vida en que tener una buena amiga le ayudó.

2. ¿Por qué supone que las relaciones causan un impacto tan grande en las mujeres?

Las mujeres necesitan relacionarse las unas con las otras; ¡es así como Dios nos diseñó! Sin esas relaciones, estaríamos aisladas y nos sentiríamos desgraciadas.

SABIDURÍA ETERNA

Para comprender por qué la necesidad de relaciones está tan intricadamente arraigada en nuestro ser, echemos una mirada al cuándo, cómo y por qué fuimos creadas.

3. Lea Génesis 2:18-24. Según el versículo 18, ¿cuál fue la única cosa que Dios mencionó que "no era buena" en el relato de la creación?

Aunque la enseñanza principal aquí es acerca del modo en que Dios creó los esposos y las esposas, ¿qué nos dice este pasaje sobre la necesidad de relaciones humanas?

Matthew Henry escribió: "Si hubiera un sólo hombre en el mundo, ¡qué hombre tan melancólico debiera de ser! La soledad perfecta convertiría un paraíso en un desierto, y un palacio en una mazmorra".[2] Este punto aparece en la película *Cast Away*, que demuestra de forma intensa y patética nuestra necesidad de contacto humano, en especial cuando Chuck Nolan (personaje interpretado por Tom Hanks) hace de una pelota de voleibol un amigo que le acompaña.

Eva fue creada para ser una ayuda y compañera para Adán, para llevar un significado y una importancia más profundos a su vida por medio de la relación. Eva equilibraba las deficiencias en la naturaleza de Adán y resolvía su soledad. Dios le había dado a Adán la compañía de los ángeles y los animales; pero, en Eva, Dios le dio a Adán algo de su propia carne con quien pudiera comunicarse verdaderamente y compartir su vida: alguien hecha a medida para complementarlo.

4. Enumere algunas diferencias en el modo en que hombres y mujeres enfocan las relaciones.

5. ¿Qué puntos fuertes aporta la mujer a las relaciones, con los hombres y con otras mujeres?

Cuando Adán y Eva pecaron (ver Génesis 3:1-13), el diseño perfecto de Dios para las relaciones humanas fue dañado. Hasta ese punto, Adán y Eva habían disfrutado de una relación perfecta el uno con el otro y de una relación perfecta con Dios; pero como resultado de su desobediencia a Él, la pareja fue maldecida a pasar el resto de sus vidas batallando dentro de su propia relación y apartada de esa comunión inicial e íntima con Dios.

6. Según Génesis 3:17-19, ¿cuál fue la maldición que Dios le dio a Adán?

7. Los hombres tienden a derivar su autoestima principalmente de sus logros. Sabiendo esto, ¿cómo cree que la maldición de Dios afectó a Adán?

8. Según Génesis 3:16, ¿qué maldición dio Dios a Eva por su desobediencia?

¿Cómo se relaciona eso con la necesidad de relaciones de la mujer?

Antes de la maldición, Eva derivaba su sentido de dignidad de quién era ella en Dios, de su relación con Él y de su relación con el hombre al cual ella complementaba. Adán y Eva incluso caminaban y hablaban con Dios en el paraíso antes de pecar. Una vez que Adán y Eva pecaron, la maldición que Dios dio a Eva afectó directamente al centro de quién era ella, y sus relaciones se vieron turbadas. Ella y Adán se ocultaron de Dios, y ella comenzó a buscar control sobre su esposo (ver Génesis 3:8, 16). Ella no solamente dio a luz con dolor, sino que sus relaciones con sus hijos también se vieron afectadas: su primogénito, Caín, asesinó a su hermano menor, Abel, lo cual sin ninguna duda afectó a la relación que ella tenía con Caín.

9. ¿Por qué cree que Dios no creó un mundo lleno de hombres para satisfacer la necesidad de compañerismo de Adán?

Al igual que Eva, las mujeres principalmente derivan su autoestima de sus relaciones. Eso explica por qué la salud de nuestras relaciones —con el Señor y con los demás— determina nuestro disfrute de la vida. Fuimos diseñadas para participar en relaciones significativas, y por eso nos sentimos aisladas y solas sin compañerismo.

UNA ESPERANZA INQUEBRANTABLE

Las relaciones cumplen muchos propósitos en nuestra vida.

10. Según Eclesiastés 4:9-12, ¿cómo nos fortalecen nuestras relaciones?

¿Cómo ha experimentado usted esta verdad en sus propias relaciones?

11. Describa brevemente tres de las relaciones más significativas en las que usted haya estado involucrada.

12. Escoja una relación de las que enumeró y ponga un ejemplo de un punto difícil que usted experimentó en esa relación.

13. ¿Cuál de las tres relaciones que describió le produjo la mayor delicia?

    ¿Cuál le produjo más dolor?

    Si ambas respuestas son la misma, ¿por qué cree que es así?

14. ¿Eran esas relaciones —con los puntos difíciles y todo— merecedoras del esfuerzo que se empleó? ¿Por qué o por qué no?

15. Enumere algunos beneficios de las relaciones sanas.

A pesar de la dificultad que tenemos en las relaciones —debido al estado pecaminoso del mundo—, estas siguen siendo un regalo de Dios. Somos criaturas de relaciones. Cuando escogemos trabajar en los puntos difíciles y nos comprometemos a amar a los demás del modo en que Jesús nos enseñó, cosecharemos los beneficios.

VIDA DIARIA

Aunque las relaciones son un regalo de Dios, no podemos pasar por la vida basando toda nuestra dignidad en ellas. Si lo hacemos, nos sentiremos rechazadas y solas cuando nos fallen, y *fallarán*, de un modo u otro. La única manera de encontrar una satisfacción verdadera y duradera es basar nuestra dignidad en el creador de las relaciones: Dios mismo. Elisabeth Elliot lo dijo con sencillez cuando escribió: "¿Dónde, sino en la voluntad del Padre, esperaremos encontrar significado, seguridad y serenidad?".[3]

Antes de responder a las siguientes preguntas, tome unos momentos para invitar a Dios a que abra su corazón a la guía de Él.

16. ¿Alguna vez ha puesto una relación con otra persona —hombre o mujer— en el lugar que le corresponde a su relación con Dios? Por favor, explique su respuesta.

    ¿Cuál fue el resultado?

17. ¿En qué áreas en sus relaciones con los demás necesita usted crecer (ej.: ser más comprensiva, ser menos crítica, estar más disponible)?

18. ¿En qué áreas en su relación más importante —con su Creador— necesita usted crecer (ej.: pasar más tiempo con Él, dejar que Él tome control de su vida)?

19. Ahora que comprende la función que las relaciones tienen en su vida como mujer creada por Dios, ¿qué pasos dará esta semana para fortalecer las relaciones claves que tiene?

Querido Padre, gracias por crearme para ser el complemento perfecto para la masculinidad del hombre y darme la capacidad de alentar a otras mujeres. A medida que continúo aprendiendo sobre tu diseño para las relaciones, enséñame a encontrar mi verdadera satisfacción solamente en ti. Que mi relación contigo sobrepase con mucho cualquier cosa que yo sea capaz de imaginar. Amén.

Notas
1. Esta historia es un relato ficticio. Cualquier parecido con eventos o personas reales, vivas o muertas, es pura coincidencia.
2. Matthew Henry, *Commentary on the Whole Bible* (Grand Rapids, MI: Zondervan Publishing House, 1986), n. p.
3. Elisabeth Elliot, *Keep a Quiet Heart* (New York: Walder and Company, 1999), n. p.

sesión dos

CLASE BÁSICA SOBRE
relaciones
EL MODELO PERFECTO

Hay amigos que llevan a la ruina,
y hay amigos más fieles que un hermano.
PROVERBIOS 18:24

MUJER EN LA VIDA COTIDIANA

La plumosa suavidad de la manta hizo que el cansado cuerpo de Marisa se relajara aunque sólo fuese un poco. Después de un día extremadamente largo, la cama era un lujo bienvenido. Cuando Marisa miró la Biblia de tapa de cuero que había sobre su mesilla, la luz de neón verde que mostraba las 10:45 en el despertador que estaba al lado de la Biblia confirmó lo que su cansado cuerpo ya sabía: Era tarde. *Señor, tú lo comprendes, ¿verdad? ¡Estoy realmente agotada!*

Marisa estiró su brazo por encima de la Biblia y apagó la lámpara, y el cuarto se llenó de silencio y quieta oscuridad. Allí tumbada, la mente de Marisa se llenaba de pensamientos. Uno a uno, los aparentemente cientos de personas con las cuales ella había conversado durante el día regresaban para volver a contar sus historias, como si fuera un programa nocturno de entrevistas en el cual Marisa era la anfitriona, la consejera y el capellán. Aquella mañana ella había dado la bienvenida a la mujer nueva en la clase de la iglesia para solteros; luego había almorzado con algunas amigas de la clase. La tarde la había pasado con una muchacha universitaria de quien Marisa había sido consejera, y que necesitaba mucha dirección. Luego había llegado la cena temprana con una vieja amiga del instituto, y después había regresado a la iglesia para el servicio de la tarde. Después de haber enseñado una clase en aquel servicio, había tomado café con varios de sus alumnos en la cafetería. Dos horas y muchos capuchinos después, Marisa había conducido hasta su casa, agotada tanto física como emocionalmente. No podía esperar para meterse en la cama.

Al envolverse con la manta, se dio cuenta de lo abrumada que se sentía. *Señor*, comenzó a orar en silencio, *hoy estuviste orgulloso de mí, ¿verdad? Soy una buena amiga; realmente me preocupo por las personas y hago todo lo que puedo para demostrarlo.*

Al continuar pensando en su día y en las personas con las que había pasado tiempo, seguía teniendo el molesto sentimiento de que algo no iba bien. Entonces se le ocurrió: ¿Cómo podía pasar el día entero invirtiendo en las amistades y, sin embargo, pasar por alto la más importante de ellas? A duras penas volvió a encender la luz. Con ojos entreabiertos, alcanzó la Biblia de cuero que estaba en la mesilla y la abrió.[1]

❦

Correo electrónico, minutos gratis el fin de semana, millas de regalo por ser viajera frecuente, llamar al 10-10, empacho de anuncios: no es de extrañarse que nos sintamos más presionadas a mantener más relaciones que nunca. Estamos involucradas en más actividades que nos alejan de nuestro hogar que en generaciones anteriores; nuestras iglesias nos alientan a permanecer involucradas en ministerios de relaciones; y quienes tenemos hijos encontramos aún otra avenida para las relaciones a través de los deportes y las actividades escolares en las que nuestros hijos participan. Todas esas oportunidades de relaciones y, sin embargo, seguimos teniendo las mismas 24 horas cada día, con los mismos recursos finitos de energía. Suena a una receta para un grave agotamiento, ¿no es cierto?

Sin algunas pautas, nos extenderemos 500 kilómetros a la redonda, pero con un sólo centímetro de profundidad; pero Dios nos ha llamado a enriquecernos mutuamente y, como ya hemos visto, las mujeres están diseñadas para necesitar relaciones; ¿qué podemos hacer entonces?

1. Al final del día ¿se ha sentido usted alguna vez como se sentía Marisa? Por favor, explique su respuesta.

2. Utilice la siguiente escala para mostrar con cuánta frecuencia se siente abrumada por el volumen de relaciones en las que está involucrada:

1	2	3	4	5	6	7	8	9	10
Nunca				A veces					Siempre

Lo crea o no, Dios no quiere que nos sintamos como si nos estuviéramos ahogando en un torbellino de relaciones. Por eso, Él ha provisto un modelo de relación para que lo sigamos.

SABIDURÍA ETERNA

Irónicamente, el mayor obstáculo para las relaciones significativas ¡es la demasiada abundancia de ellas! Cuando nos extendemos demasiado en las relaciones, no somos capaces de profundizar tanto como necesitamos, hasta la profundidad en que somos vulnerables y recibimos la responsabilidad y el apoyo que necesitamos. ¿Entonces cuál es la respuesta? ¿Debemos descartar a la mitad de nuestras amigas (ya que no podemos descartar a los miembros de nuestra familia)? ¡No! Lo que podemos hacer es aprender a equilibrar las relaciones significativas con aquellas tareas que Dios nos ha llamado a completar.

Veamos el modo en que Jesús escogió invertir en la vida de aquellos con quienes Él entró en contacto.

Las multitudes

De los 33 años que Jesús pasó en la tierra, solamente tres fueron empleados en el ministerio público. Durante esos tres años, se difundieron las noticias de sus milagros y su enseñanza, y se formaban multitudes dondequiera que Él iba. Aunque Jesús invertía tiempo y energía en las personas que se reunían, ellos no recibieron la mayor parte de su tiempo o su energía.

3. Lea los siguientes pasajes. ¿Qué nos dice cada uno de ellos del ministerio de Jesús a las multitudes?

Mateo 7:28-29

Mateo 9:35-36

Mateo 13:34

4. Según Mateo 13:34-43, ¿cómo trataba Jesús a las multitudes de modo distinto al que trataba a sus discípulos?

Aunque Jesús amaba a las multitudes que se reunían para verlo, Él reservaba la mejor parte de sí mismo para aquellos a los que estaba formando para el ministerio.

Los setenta y dos

De los miles de personas que se reunían alrededor de Él, Jesús escogió solamente a setenta y dos (algunos manuscritos dicen setenta) para enviarlos delante de Él durante su último viaje a Jerusalén (ver Lucas 10:1). Aquellos seguidores probablemente hubieran escuchado a Jesús relatar las mismas parábolas muchas veces y creyeran que Jesús era quien Él decía ser. Aunque a aquellos seguidores se les dio el poder de echar fuera demonios en el nombre de Jesús (ver Lucas 10:17), no estaban en el círculo íntimo de discípulos de Jesús.

5. ¿Por qué cree usted que Jesús no pasaba tanto tiempo con aquellos creyentes —aunque ellos pudieron haber estado igual de comprometidos con Él— como el que pasaba con sus doce discípulos?

Los Doce

"Los Doce": esa frase probablemente traiga a la mente las muchas historias de Jesús y sus amigos más íntimos, los doce discípulos. Algunas veces ellos embrollaban las cosas, otras veces divertían a Jesús con sus travesuras infantiles, y otras se peleaban y discutían los unos con los otros; pero ellos siempre estaban con Él. Y aunque no comprendían plenamente lo que Jesús había venido a hacer, profesaban con valentía que morirían por Él si fuese necesario. Jesús los conocía íntimamente —Él conocía sus peculiaridades, puntos fuertes y debilidades—, y ellos a su vez vieron una parte de Jesús que los demás no vieron.

6. ¿Qué les dijo Jesús a sus discípulos en privado en Lucas 10:23-24?

   ¿Por qué cree usted que Jesús les dijo eso solamente a los Doce después de haberse dirigido a los setenta y dos en Lucas 10:1-22?

7. Según Lucas 9:1-6, ¿cómo supieron los discípulos qué predicar en las ciudades donde entraban?

El principal avance del ministerio de Jesús se dirigió hacia aquella docena de hombres. Él había estado formando a los Doce todo el tiempo para hacer avanzar el reino de Dios cuando Él regresara al cielo. Prácticamente hablando, era una estrategia perfecta. El número de personas que Jesús pudo alcanzar —mientras estuvo en la tierra y después— se incrementó cien veces más al escoger ser consejero de sólo unos cuantos. Él enseñó a los discípulos cómo imitarlo a Él, de modo que cada uno de ellos pudiera salir y alcanzar a cientos. Pero Jesús no enseñó a los Doce solamente a incrementar los números; aunque Él era plenamente Dios, también era plenamente humano y, como tal, Él estaba limitado por las barreras del tiempo y la energía al igual que lo estamos usted y yo.

8. ¿Qué habría ocurrido si Jesús hubiera intentado pasar cantidades iguales de tiempo con todas las personas con las que entró en contacto?

9. ¿Qué beneficios recibió Jesús de invertir la mayor parte de su tiempo y energía en un puñado de seguidores?

Los tres

Aunque Jesús amaba a cada uno de sus 12 discípulos profundamente, y hasta tenía sus favoritos: aquellos con quienes se sentía más cerca.

10. En Lucas 9:28-36, ¿a qué tres discípulos se les permitió obtener una perspectiva de la gloria de Jesús?

¿Por qué cree usted que Jesús escogió a esos tres discípulos para ese honor?

¿Por qué cree usted que ellos no le contaron a nadie esa experiencia?

11. Según Marcos 14:32-34, ¿en qué otro evento fueron esos mismos tres discípulos escogidos por Jesús? ¿Por qué cree que Él los tomó a ellos y no a los demás?

Jesucristo amaba a todos sus discípulos, pero Pedro, Santiago y Juan parecían ser especialmente queridos para Él. En las relaciones humanas, es natural sentir más afecto por algunas personas que por otras; hay muchos factores diferentes que contribuyen a ese sentimiento, incluyendo la personalidad, las cosas que se tienen en común y las experiencias compartidas.

12. Nombre a alguien en su vida que haya sido una amiga especialmente querida para usted.

    ¿Qué le atrajo hacia esa persona?

13. ¿Cuáles son algunos de los beneficios de tener un grupo de tres o cuatro amigas íntimas?

UNA ESPERANZA INQUEBRANTABLE

Sin importar el número de relaciones que usted pueda estar manejando, la forma en que Cristo manejó sus relaciones sirve como ejemplo excelente de cómo establecer prioridades en las suyas propias. Al igual que las multitudes que rodeaban a Jesús, probablemente usted tenga conocidos, personas que conocen su nombre, pero con quienes no invierte tiempo o energía para desarrollar relaciones. Aunque usted no está cerca de esas personas, puede seguir siendo para ellas de aliento y un ejemplo por la forma en que usted vive su vida.

Al igual que los 72 de Jesús, probablemente haya otras personas en su vida con quienes se relacione formalmente (como en la clase de escuela dominical o en el ambiente del trabajo) o con quienes pase tiempo ocasionalmente. Esas personas son más que conocidas, pero usted no las considera buenas amigas.

Su círculo —sus 12— está formado por las amigas con quienes usted "hace la vida". Usted ha elegido invertir su tiempo y energía en esas relaciones; llamadas de teléfono y visitas que se producen con regularidad, y para usted es importante estar ahí y apoyar a cada una de ellas en los momentos difíciles. Esas amigas saben que pueden contar con usted cuando el camino se ponga difícil.

14. ¿Qué mujeres en su vida actualmente encajarían en esta categoría de las 12?

Su grupo íntimo de amigas se compone de esas amigas especialmente queridas, aquellas con las cuales usted tiene una afinidad especial. Usted puede desnudar su alma ante estas amigas. Ellas le pedirán cuentas, le enseñarán y le alentarán, y llenarán la necesidad que usted tiene de relaciones más profundas. Esas amigas ríen con usted, lloran con usted, discuten con usted y la desafían: la aman a pesar de sus fallos.

15. ¿A quiénes consideraría su grupo íntimo de amigas?

¿Qué ocurriría si usted intentase incluir a todo el mundo en este círculo íntimo?

Cada relación que Dios trae a su vida tiene su lugar. Jesús demostró esto, y Él nos mostró que no todas las relaciones en nuestra vida van a pasar más allá del nivel de conocidos casuales; aún menos se convertirán en amistades casuales, y solamente unos cuantos elegidos formarán nuestro círculo íntimo. Este es nuestro mecanismo interior para manejar nuestro tiempo y energía finitos.

16. ¿Qué propósitos para las amistades de mujer a mujer se dan en Tito 2:4-5?

¿Qué razón adicional para las relaciones se da en Hebreos 10:24-25?

VIDA DIARIA

Su círculo de amigas es fluido, no estático; en otras palabras, ¡ese círculo *cambiará*! Como mencionamos anteriormente, Jesús invirtió en las multitudes, en los 72, en los discípulos y en su círculo de seguidores solamente durante sus tres años de ministerio visible. Antes de eso, probablemente Él tuviera un círculo de amistades mucho más reducido en su ciudad natal, por su trabajo como carpintero, etc.

17. ¿Qué circunstancias podrían causar que el grupo de amigas que usted tiene ahora cambiase?

No podemos predecir lo que nos aguarda en el futuro, pero es importante comprometernos con nuestras amigas sea cual sea el período de tiempo en que Dios nos otorgue nuestras amistades. Esas profundas amistades que nos satisfacen, nos alientan y nos hacen responsables no se producen de la noche a la mañana; tenemos que estar ahí durante los altibajos de la vida juntas.

18. ¿Qué amistad ha producido el mayor impacto positivo en su vida?

¿Por qué ha sido tan especial esa relación?

¿Cómo puede usted incorporar ese elemento en sus otras buenas amistades?

Jesús tenía un propósito al invertir en los setenta y dos y en los Doce: Él estaba preparándolos para continuar el ministerio que Él había comenzado. Nuestras amistades también tienen propósito.

Querido Padre, gracias por enviar a tu Hijo, Jesús, para ser el ejemplo en cada área de la vida. También, te doy gracias por el regalo de la amistad. Ayúdame a ser una buena administradora de las relaciones con las cuales tú me has bendecido, a medida que aprendo a invertir mi tiempo y energía en los lugares apropiados. Enséñame a ser más profunda con unas cuantas personas en lugar de ser superficial con muchas, incluyendo mi relación contigo. Amén.

Nota
1. Esta historia es un relato ficticio. Cualquier parecido con eventos o personas reales, vivas o muertas, es pura coincidencia.

sesión tres

TENDER LA
mano

CÓMO ALENTAR A LOS DEMÁS

*Por eso, anímense y edifíquense unos a otros, tal como lo vienen haciendo.
Hermanos, también les rogamos que amonesten a los holgazanes,
estimulen a los desanimados, ayuden a los débiles y
sean pacientes con todos.*
1 Tesalonicenses 5:11, 14

MUJER EN LA VIDA COTIDIANA

"Este es el peor día de mi vida", musitó Linda a la vez que salía de la oficina de su gerente. No importaba que cada día desde que comenzara en su nuevo empleo pareciera ser peor que el anterior. Aunque tenía 47 años de edad, se sentía como una niña a la que el director reñía siempre que tenía que reunirse con su gerente. A pesar de las lágrimas que llenaban sus ojos, se las arregló para encontrar la puerta principal del edificio y, una vez fuera de allí, las lágrimas comenzaron a bajar por sus mejillas.

Linda intentó no sollozar, pero fue inútil. ¡Esto no merece la pena, Dios! —pensaba—. Seguro que los chicos pueden hallar otro modo de continuar en la universidad. Yo no sé cuántas veces más seré capaz de soportar esto. ¡Nada de lo que hago es nunca lo bastante bueno para esta empresa! Después de caminar unas vueltas por el aparcamiento, Linda recobró la compostura. Se limpió con un pañuelo la máscara de pestañas que le goteaba de los ojos a la vez que caminaba de regreso al edificio y volvía a dejarse caer en la silla de su escritorio.

La delicada orquídea color púrpura que estaba cerca de su computadora captó su atención de inmediato. Era una flor muy hermosa, situada con todo cuidado por encima de una nota adhesiva azul. "Linda, pensé que hoy podrías hacer uso de un poco de belleza. Estoy orando por ti". La nota no estaba firmada, pero había solamente una persona en todo el edificio que tuviera orquídeas sobre su mesa, y esa persona era la única compañera de trabajo que Linda sabía que compartía su creencia en la oración.

Gracias, Sara. No tienes idea de lo mucho que necesitaba esto ahora mismo. Cuando Linda miró a los exquisitamente delicados pétalos, una sonrisa de esperanza se atisbó en las comisuras de sus labios. *Gracias, Señor. Gracias por Sara y su atención este día.*[1]

❧

Cada una de nosotras ha experimentado aliento en el momento oportuno por parte de alguien que marcó la diferencia entre hundirse o salir nadando. "Como naranjas de oro con incrustaciones de plata son las palabras dichas a tiempo" (Proverbios 25:11). Ya sea hablando, escribiendo o actuando, el aliento es una de las mayores bendiciones que podemos ofrecer a nuestras amigas; y la mejor parte es que, contrario a las naranjas de 18 quilates, ¡no nos cuesta nada!

1. Describa un tiempo en que el aliento de una amiga la bendijo. ¿Qué hizo ella? ¿Cómo le hizo sentir?

2. Describa lo más reciente que usted haya hecho para alentar a una amiga. ¿Cuál fue la respuesta de su amiga?

3. Escriba su propio proverbio acerca del aliento. (Si necesita inspiración, hojee el libro de Proverbios.)

Uno de los tesoros de las amistades es el aliento que podemos brindarnos mutuamente en momentos de necesidad.

UNA ESPERANZA INQUEBRANTABLE

Vemos las dos palabras griegas más comunes que comunican la idea de aliento. La primera, *paraklesis*, significa "un llamado al lado de alguien", y se traduce como "consolación" o "consuelo" en 20 de las 29 veces en que la palabra se utiliza en el Nuevo Testamento.[2] La segunda, *parakaleo*, significa "llamar al lado de uno o para ayudar".[3]

En la versión inglesa *New American Standard Bible*, "paraklesis" y "parakaleo" se utilizan 10 veces en 2 Corintios 1:3-7 (traducidas todas como "consuelo"). Lea este pasaje y después responda las siguientes preguntas:

4. ¿Por qué Dios nos consuela en nuestras tribulaciones (v. 4)?

¿Qué produce su consuelo (v. 6)?

¿Por qué es importante consolar y alentar a aquellos que sufren?

El Consolador

Debido a que nuestro Padre es el "Dios de toda consolación" (2 Corintios 1:3), Él mostró compasión a sus hijos que sufren prometiéndonos a alguien que sería nuestro abogado y consolador; alguien que vendría a nuestro lado cuando necesitáramos ayuda: un parakletos.[4]

5. Lea los siguientes pasajes. ¿Quién es nuestro parakletos y qué tiene que decir cada pasaje sobre la función que Él desempeña en nuestra vida?

   Juan 14:16, 26

   Juan 15:26

   Juan 16:7

6. Según Hechos 9:31, ¿qué desempeño tiene el Espíritu Santo?

Es interesante observar que la palabra "fortalecidas" en Hechos 9:31 es una palabra que vimos anteriormente: "paraklesis". ¿Cuál es entonces la conexión? Echemos un vistazo.

Nuestra función como consoladoras

Como vimos anteriormente, Dios envió al Espíritu Santo para ser nuestro parakletos: nuestro consolador, maestro y aliento; alguien para venir a nuestro lado cuando lo necesitemos. Dicho con pocas palabras, Dios envió al Espíritu Santo para ser un paraklesis: para consolar y alentar.

¡Ahora llega la parte emocionante! Dios nos llama a ser parte de la obra del Espíritu Santo, aunque en mucha menor escala.

7. Según 1 Tesalonicenses 5:11, 14, ¿cómo se nos manda consolar a otros?

¿Cuál es el propósito de tal aliento, tal como se encuentra en Hebreos 3:12-13?

Somos llamadas a ser pequeñas consoladoras —alentadoras con una *a* minúscula—, pequeñas *parakletoi* (la forma plural de "parakletos"), por así decirlo. Nuestro aliento puede adoptar muchas formas, pero ya sea que exhortemos a otros a vivir rectamente (ver 1 Timoteo 4:13), que enseñemos las Escrituras (ver Romanos 15:4), que consolemos a los desalentados (ver 1 Tesalonicenses 5:11), o que instemos a otros a servir a Dios (ver Romanos 12:19), estamos participando en paraklesis.

8. ¿En cuál de estas formas de consuelo —exhortar, enseñar, consolar, instar— está usted más dotada?

¿De qué otras maneras puede brindar aliento (como ser buena para escuchar, tener detalles)?

Como miembros del Cuerpo de Cristo, tenemos una especial responsabilidad de alentar a nuestros hermanos y hermanas en el Señor. ¿Cuánto más, entonces, debiéramos buscar maneras de alentar, consolar y exhortar a nuestras mejores amigas?

UNA ESPERANZA INQUEBRANTABLE

9. Enumere algunas formas prácticas en que podemos alentar a nuestras amigas.

¿Incluyó su respuesta la forma más sencilla y, sin embargo, más eficaz de aliento: palabras adecuadas? Las palabras escritas o dichas son increíblemente poderosas. Lo que sale de su boca tiene el poder de derribar a otros o de enviarlos flotando en una nube. "En la lengua hay poder de vida y muerte" (Proverbios 18:21).

Contrario a la creencia popular, estar cerca de una amiga no le da licencia para ser demasiado descuidada con las palabras que dice. Como dijo Oliver Wendell Holmes, Jr.:

> No presuma usted mismo de que la amistad le autoriza para decir cosas desagradables a sus íntimos. Cuanto más se estrecha su relación con una persona, más necesarios son el tacto y la cortesía.[5]

10. ¿Por qué cree usted que algunas personas derrumban a otras con comentarios sarcásticos o ásperos aun cuando son amigos?

11. ¿Qué enseñanza con respecto a nuestras palabras se encuentra en Mateo 12:34?

12. Según Efesios 4:29, ¿qué debería salir de nuestra boca?

13. Enumere a sus mejores amigas en la siguiente tabla; después escriba algo que podría decirle a cada amiga (ya sea en persona o por escrito) que la edificaría de acuerdo a sus necesidades (ver Efesios 4:29).

Amiga	Palabras de aliento

VIDA DIARIA

Al igual que Linda, nuestra mujer en la vida cotidiana, no hay duda de que usted se ha beneficiado de la atención de una amiga en un momento u otro. Aunque hay muchas maneras de alentar a los demás, nuestro genio creativo parece secarse justo cuando necesitamos una buena idea, ¿no es cierto? Vamos a compartir algunas ideas prácticas de alentar a las amigas, para que siempre tenga usted un recurso cuando necesite una buena idea ¡con rapidez! Ya que la mayoría de las mujeres se sienten alentadas de formas similares, descubrir las cosas que para usted sean beneficiosas le ayudará a hacer lo mismo por otras personas.

14. ¿En qué ocasiones especiales le gustaría que otras personas la recordaran?

15. ¿De qué modo le gusta a usted recibir aliento (ej.: notas, regalos, llamadas telefónicas espontáneas)?

16. ¿Cuáles son algunas de las cosas más alentadoras que otros han hecho por usted?

Complete el siguiente esquema utilizando sus respuestas a las preguntas 14 a 16 junto con las cosas que ya conoce de sus amigas. Durante la próxima semana, acumule tanta información sobre sus amigas como pueda para el esquema, y piense al menos en tres ideas para alentar a cada amiga.

Nombre	Cum-pleaños	Ocasiones especiales	Lo favorito (color, pasatiempo, flor, perfume, etc.)	Ideas para alentar
				1. 2. 3.
				1. 2. 3.
				1. 2. 3.
				1. 2. 3.
				1. 2. 3.
				1. 2. 3.
				1. 2. 3.
				1. 2. 3.

Antes de completar la última sesión de este estudio, bendiga a cada amiga enumerada poniendo en práctica al menos una de las ideas. Anote la fecha en que lo completó.

Notas
1. Esta historia es un relato ficticio. Cualquier parecido con eventos o personas reales, vivas o muertas, es pura coincidencia.
2. James Strong, *The New Strong´s Exhaustive Concordance of the Bible* (Nashville, TN: Thomas Nelson Publishers, 2001), 3874.
3. Ibid, 3870.
4. Ibid, 3875.
5. Bob Phillips, *Phillips´ Awesome Collection of Quips and Quotes* (Eugene, OR: Harvest House Publishers, 2001), p. 171.

sesión cuatro

PREPARADAS PARA
revelarnos

CÓMO SER SINCERAS Y VULNERABLES

*Pero él me dijo: "Te basta con mi gracia, pues mi poder se perfecciona en la debilidad."
Por lo tanto, gustosamente haré más bien alarde de mis debilidades, para que permanezca
sobre mí el poder de Cristo. Por eso me regocijo en debilidades, insultos, privaciones,
persecuciones y dificultades que sufro por Cristo; porque cuando soy débil,
entonces soy fuerte.*
2 Corintios 12:9-10

*Todo hombre, a pesar de lo sabio que sea, necesita el consejo de un
amigo sagaz en los asuntos de la vida.*
Titus Maccius Plautus

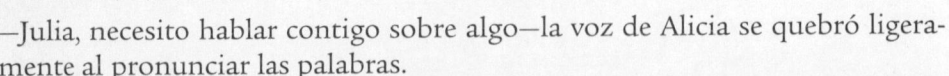

MUJER EN LA VIDA COTIDIANA

—Julia, necesito hablar contigo sobre algo—la voz de Alicia se quebró ligeramente al pronunciar las palabras.

—Claro, Ali, ¿qué sucede?—Julia sabía que había algo que iba muy mal. Durante los 15 años de haberse conocido y convertido en las mejores amigas, ella había visto así de triste a Ali solamente una vez: cuando el esposo de Alicia la abandonó tras cuatro años de matrimonio. De hecho, Alicia nunca demostraba sus emociones, y parecía tener la capacidad de recuperarse y seguir adelante. Julia era normalmente quien desnudaba su alma o le pedía consejo a Alicia, y no lo contrario.

—Se trata de Juan y yo.

Ahora Julia estaba verdaderamente preocupada. Los pensamientos daban vueltas en su mente. *Querido Dios, por favor, que no sea que él ha roto con ella. Ellos son tan perfectos el uno para el otro, y un gran ejemplo de pureza; han esperado mucho tiempo para que tú trajeras a su vida a la persona indicada, y ahora finalmente se tienen el uno al otro. ¡Su compromiso a permanecer puros en su relación es un tremendo testamento para ti! Yo creía sin ninguna duda que cualquier día Juan le pediría que se casara con él. ¿Qué es, Señor? Nunca he visto así a Ali, y no sé qué hacer.*

Alicia vio la expresión de confusión en el rostro de Julia, así que se obligó a pronunciar las palabras.

—Julia— comenzó, dando un profundo suspiro—, estoy embarazada.

El estómago de Julia casi se le salió por la boca. Parecía como si hubiera pasado una eternidad antes de que ella pudiera reunir la valentía para preguntar.

—Alicia, ¿qué ocurrió? ¡Dijiste que ustedes estaban logrando evitar situaciones que pudieran conducir a eso!

—Ya lo sé—dijo Alicia—, pero es que no sabía cómo decirte lo que estaba ocurriendo en realidad. Es estúpido, pero pensé que haría más mal que bien; pensé que era mejor que tú no lo supieras. Simplemente ocurrió la primera vez, y entonces sentí demasiada vergüenza para contárselo a nadie, y Juan y yo seguíamos diciéndonos el uno al otro que íbamos a parar.

Las lágrimas caían por sus mejillas cuando Alicia dijo:

—¡No puedo creer que haya sido tan estúpida, Julia! Siento mucho haberte mentido.

Julia rodeó con sus brazos a Alicia y lloró con ella. Su corazón se rompió, pero no por ella misma.

—Ali, tú sabes que te sigo queriendo y que voy a estar a tu lado a pesar de lo que ocurra. Es sólo que me hubiese gustado que me lo dijeras antes para haberte podido *ayudar*.[1]

◈

Nuestra cultura grita: "¡Sé tú misma! ¡Lo que tú hagas no es asunto de nadie más!". Se nos alienta a llegar a la cumbre a toda costa y a llenar nuestros horarios de actividades centradas en el yo. Satanás también hace todo lo que esté a su alcance para hacernos creer que estamos solas y que las cosas contra las que batallamos son únicas o vergonzosas.

El aire individualista que respiramos en nuestra sociedad actual es extraño en muchas partes del mundo. La mayoría de las culturas —incluyendo la cultura de Oriente Medio, en la cual fueron escritas las Escrituras— tienen una mentalidad más de comunidad que nuestra cultura. Quizá por eso sea tan fácil para nosotras pasar por alto las muchas advertencias que nos hace la

preparadas para revelarnos

Escritura a llevar las cargas los unos de los otros, a ser sinceros con los demás sobre el estado de nuestro corazón y confesar nuestros pecados los unos a los otros (ver Gálatas 6:2; Efesios 4:25 y Santiago 5:16).

1. ¿Qué cree usted que alimenta la individualidad en nuestra cultura?

2. ¿Cuáles son los peligros de ser tan individualista que no confíe en nadie?

Irónicamente, muchas mujeres sienten que sus amistades son demasiado superficiales, no porque sus amistades no sean reales, sino porque no son profundas. Señoras, si queremos profundizar, tenemos que estar dispuestas a pagar el precio: la sinceridad emocional. ¿Está usted dispuesta a desnudar su alma, aun si eso significa que no aparente que todo está bien?

SABIDURÍA ETERNA

Antes de que responda a la pregunta anterior, veamos algunos hechos referentes a la vulnerabilidad.

- **Hecho número uno:** Solamente nos aventuraremos a pasar de la superficialidad cuando decidamos que los beneficios de una relación merecen el riesgo del potencial dolor, juicio, celos, desánimo y rechazo.
- **Hecho número dos:** Cuando aceptamos nuestro valor en Cristo, somos libres para correr los riesgos implicados en una relación porque sabemos que nuestras debilidades no son algo a lo cual debiéramos temer.

El apóstol Pablo comprendía la importancia de ser sincero sobre sus debilidades.

Para evitar que me volviera presumido... una espina me fue clavada en el cuerpo, es decir, un mensajero de Satanás, para que me atormentara. Tres veces le rogué al Señor que me la quitara; pero él me dijo: "Te basta con mi gracia, pues mi poder se perfecciona [*teleioo*] en la debilidad." Por lo tanto, gustosamente haré más bien alarde [*kauchaomai*] de mis debilidades, para que permanezca sobre mí el poder de Cristo. Por eso me regocijo en debilidades, insultos, privaciones, persecuciones y dificultades que sufro por Cristo; porque cuando soy débil [*astheneo*], entonces soy fuerte [*dunatos*]. (2 Corintios 12:7-10, palabras originales griegas añadidas).

Veamos más de cerca este pasaje.

3. ¿De qué actitud pecaminosa estaba protegiendo Dios a Pablo al darle un "aguijón en la carne"?

¿Cree usted que el aguijón habría ayudado a Pablo a vencer esa actitud pecaminosa si él hubiera decidido no contarle nada de eso a nadie? ¿Por qué o por qué no?

Las pruebas y dificultades a las que nos enfrentamos en la vida sirven para mantenernos humildes. Cuando ocultamos esas luchas a los demás, en realidad luchamos contra la disciplina de Dios y nos impedimos a nosotras mismas recibir sanidad.

4. ¿De qué manera ponerse una falsa máscara es un síntoma de orgullo?

¿Qué tipos de luchas en su vida está usted más inclinada a ocultar de los demás? ¿Por qué?

Pablo le pidió a Dios que le quitara ese aguijón, pero Dios respondió que su gracia era suficiente para Pablo, porque su "poder se perfecciona en la debilidad" (v. 9). El verbo griego traducido por "perfecciona" es "teleioo", que significa completar, lograr o (de modo figurado) consumar".[2]

5. ¿De qué forma sus debilidades completan el poder de Dios?

Es una paradoja, ¿verdad? Cuantas más debilidades tengamos, más oportunidades tenemos de glorificar a Dios por medio de ellas. ¿La dificultad? Tenemos que estar dispuestas a dejar a un lado nuestro orgullo y permitir que Dios obre por medio de esas cosas que preferiríamos ocultar.

Pablo estuvo dispuesto a aceptar ese desafío; de hecho, él dijo que en lugar de mitigar sus heridas, ¡haría *alarde* de sus debilidades! La palabra griega traducida como "alarde" es "kauchaomai", que es similar a la palabra "jactarse".[3]

6. Busque la palabra "jactarse" en un diccionario y escriba la definición.

¿Qué afirmación irónica estaba haciendo Pablo al escoger la palabra "alarde" o "jactarse"?

Dios se glorifica por medio de nuestras debilidades de varias formas. Su poder se perfecciona mediante nuestras dificultades, a medida que obtenemos nuestra fortaleza de Él y permanecemos dependientes de su gracia. Él también se glorifica cuando compartimos con otros cómo Él nos ha sostenido y nos ha ayudado a crecer espiritualmente. Matthew Henry escribió: "Cuando el pueblo de Dios comunica sus experiencias, que siempre recuerde hacer notar lo que Dios haya hecho para mantenerlos humildes, al igual que lo que haya hecho a favor de ellos y para su crecimiento".[4] Es bueno compartir con otros cómo Dios la ha bendecido a usted emocionalmente, materialmente y espiritualmente, ¡pero no puede detenerse ahí! También, tiene que compartir cómo Dios ha estado refinándola y probándola y cómo ha respondido usted a esos desafíos.

7. ¿Cómo puede glorificarse Dios cuando usted es sincera con otras personas sobre sus debilidades?

8. ¿Cómo podrían los demás beneficiarse de la sinceridad de usted?

¿Cómo podría beneficiarse usted?

9. Segunda de Corintios 12:10 dice: "Porque cuando soy débil, entonces soy fuerte". Utilizando las siguientes definiciones y el material que ya hemos discutido, explique esta paradoja.

- Débil (*astheneo*): "ser débil, flojo, estar sin fuerza, impotente"[5]
- Fuerte (*dunatos*): "poderoso o capaz"[6]

Dios siempre nos bendice cuando escogemos glorificarlo a Él. Cuando le damos gloria al ser vulnerables con otras personas, ¿qué beneficios cosechamos? La respuesta es obvia, ¿pero qué significa exactamente ser vulnerable?

UNA ESPERANZA INQUEBRANTABLE

Para definir la vulnerabilidad en la amistad, recurramos a una fuente poco común: un juego llamado Bridge contractual. No hay que estar familiarizado con el juego para comprender el concepto. Ser vulnerable en un juego de Bridge significa que usted "está sujeta a multas que se incrementan, pero tiene derecho a beneficios que se incrementan después de ganar una partida".[7] En palabras sencillas, existen riesgos, ¡pero los beneficios son mucho más atractivos si juega usted para ganar!

Para definir más ampliamente la vulnerabilidad, examine el siguiente esquema:

Vulnerabilidad es	Vulnerabilidad NO es
• Dejar a un lado su orgullo y permitir que otros vean sus luchas.	• Hacer todo lo posible para aparentar que todo le va bien.
• Confesar sus pecados a otros para poder recibir sanidad.	• Revelar los fallos de otra persona o rebajarla delante de los demás.
• Pedir consejo de aquellos en quienes confía y aceptar su ayuda.	• Echar sus cargas sobre otra persona sin ser sensible a sus necesidades.
• Pedir oración durante los períodos difíciles.	• Chismear sobre otros o compartir los fallos de otros con sus amigas.
• Ser responsable ante su grupo íntimo de amigas.	• Compartir la parte más profunda de usted con todas las personas con quienes hable.
• Ser sincera acerca de sus sentimientos, frustraciones y necesidades.	• Ser insensible o insultar a otros cuando estos le desagradan.
• Confiar en la gracia de Dios para poder regocijarse en sus debilidades.	• Ser insegura o enfocarse siempre en sus debilidades: falsa humildad.
• Comprender que sus luchas no son únicas; usted no está sola.	• Aislarse de ser responsable por temor al rechazo y la vergüenza.
• Alentar/enseñar a otros por medio de las dificultades que usted encara.	• Absorber la atención de los demás con sus dificultades.

42 sesión cuatro

10. ¿En qué áreas en cuanto a ser vulnerable es usted más fuerte?

   ¿En qué áreas necesita trabajar?

11. ¿Qué nos enseñan los siguientes versículos acerca de la vulnerabilidad en la amistad?

   Proverbios 16:18

   Efesios 4:25

   Santiago 5:16

12. Basándose en todo lo que hemos estudiado sobre la vulnerabilidad, ¿qué consejo le daría a Alicia, nuestra mujer en la vida cotidiana, sobre el tema?

VIDA DIARIA

La vulnerabilidad en las amistades es uno de esos temas que es muy fácil estudiar y afirmar sobre el papel, pero extremadamente difícil para la mayoría de nosotras de poner en práctica. Nuestro orgullo —nuestro temor a ser heridas o rechazadas y nuestra creencia en que una buena cristiana no debería batallar— nos mantiene a la mayoría de nosotras atrapadas en una jaula de aislamiento. A Satanás le encantaría mantenernos paralizadas y escondidas, pero Dios nos llama a algo mucho más grande: la solidaridad entre el Cuerpo de Cristo que surge de la vulnerabilidad mutua.

Antes de responder a las siguientes preguntas, pase algún tiempo pidiendo a Dios que examine su corazón y la prepare para ser sincera consigo misma y con Él.

13. ¿De qué maneras ha estado usted ocultando heridas, luchas, tentaciones, preguntas o temores?

¿Concretamente con quién necesita compartir esas luchas?

14. Vuelva a leer los puntos enumerados en la sección "la vulnerabilidad no es" del esquema. ¿De qué maneras ha abusado o se ha aprovechado de sus amigas?

¿Qué pasos prácticos puede usted dar para llegar a ser más vulnerable con sus amigas?

Nuestra salud emocional y espiritual depende más de nuestra vulnerabilidad con Dios que con ninguna otra persona. Al llegar a la conclusión de esta sesión, desnude su alma delante de Él. Puede usted decir la siguiente oración, o si lo prefiere, puede escribir su propia oración.

Querido Padre, gracias por glorificarte en mis debilidades. Que pueda hacer alarde de ellas porque tengo confianza en que tu fuerza se muestra mejor en mis lugares débiles. Enséñame a dejar a un lado mi orgullo para poder ser más vulnerable con las amigas con las que tú me has bendecido. Sobre todo, hazme más semejante a tu Hijo, Jesucristo, quien se humilló a sí mismo hasta la muerte, el modelo definitivo de vulnerabilidad. Oro en su precioso nombre, amén.

Notas
1. Esta historia es un relato ficticio. Cualquier parecido con eventos o personas, vivas o muertas, es pura coincidencia.
2. James Strong, *The New Strong´s Exhaustive Concordance of the Bible* (Nashville, TN: Thomas Nelson Publishers, 2001), griego 5048.
3. Ibid., griego 2744.
4. Matthew Henry, "Commentary on 2 Corinthians". *Matthew Henry Concise Commentary on the Whole Bible*, versión 7.0.5, e-Sword.
5. Strong, *The New Strong´s Exhaustive Concordance*, griego 770.
6. Ibid., griego 1415.
7. *Merriam Webster´s Collegiate Dictionary*, 11th ed., bajo "vulnerable".

sesión cinco

¡RING! ¡RING!
¿hay alguien en casa?

EL DELICADO ARTE DE ESCUCHAR

Es necio y vergonzoso responder antes de escuchar.
PROVERBIOS 18:13

*Mis queridos hermanos, tengan presente esto:
Todos deben estar listos para escuchar,
y ser lentos para hablar y para enojarse.*
SANTIAGO 1:19

MUJER EN LA VIDA COTIDIANA

Tina se quejaba a medida que el tráfico se detenía. Aunque ella amaba su vida en las afueras, el tráfico desde su trabajo en la ciudad hasta su hogar en las afueras algunas veces era más de lo que era capaz de soportar. Una larga hilera de luces rojas se veía en la distancia tan lejos como alcanzaba la vista. *Sólo un par de semanas más antes de mi traslado, y entonces nunca tendré que volver a soportar este tráfico.* De repente, Tina no podía esperar más para salir de la ciudad; encendió la radio e intentó olvidar dónde estaba, pensando en los eventos del día a la vez que su auto avanzaba con lentitud por la autopista.

Los martes eran normalmente unos de los días favoritos de Tina, pero ese no. Sus almuerzos semanales de los martes con Dora eran momentos de salir de la oficina para reírse juntas y ponerse al día; *ponerse al día sobre la vida de Dora*, se dio cuenta Tina. Hasta ese día a ella nunca le había importado que normalmente fuese Dora la que más hablaba. *Yo soy muy introvertida; además, nunca tengo nada emocionante que compartir. Dora siempre cuenta las historias más divertidas, y su vida es mucho más emocionante que la mía. ¿Por qué iba a aburrirla con los detalles de mi vida?*, pensó. Pero aquel día Tina había querido compartir la noticia de su traslado a otro estado, y parecía no poder encontrar una buena oportunidad para hacerlo. *Sé que a Dora le importo y que querría saberlo, pero la forma en que habla sobre su vida todo el tiempo da la impresión de que ella no tiene interés en mí.*[1]

※

Nuestras escuelas pueden ofrecer cursos sobre hablar en público, ¿pero qué le ha ocurrido al delicado arte de escuchar? Escuchar a otros es una parte vital de toda relación, en especial de las amistades. Howard G. Hendricks hizo la siguiente observación:

> Es fácil enseñar a las personas cómo hablar. Es muy difícil enseñarlas cómo escuchar. Y a propósito, ¿se ha mirado al espejo últimamente? ¿Observó que tiene dos oídos pero solo una boca? Imagine si Dios hubiera hecho eso al contrario.[2]

Aunque el cuadro mental de alguien con dos bocas y un oído es bastante humorístico, las implicaciones no lo son. ¿Con qué frecuencia nos comportamos no sólo como si tuviéramos una boca grande, sino también como si la tuviéramos doble? Respire profundamente y prepárese para una mirada sincera a usted misma.

1. Durante su conversación con otros, ¿qué porcentaje de tiempo pasa escuchando? (Rodee con un círculo su respuesta, *¡y sea sincera consigo misma!*).

    0   10   20   30   40   50   60   70   80   90   100

La verdad es que escuchar bien es una forma de arte eterna, y la mayoría de nosotras podríamos utilizar una lección en ello. Veamos un poco más de cerca lo que significa escuchar verdaderamente.

SABIDURÍA ETERNA

Las palabras son necesarias para la comunicación. Nuestro lenguaje comunica sentimientos, necesidades y observaciones. ¿Sabía, sin embargo, que escuchar también comunica aunque de un modo más sutil? El libro de Santiago está lleno de amonestaciones con respecto a nuestras capacidades tanto de hablar como de escuchar.

2. ¿Qué advertencia se encuentra en Santiago 1:19?

En su contexto, este versículo se refiere primordialmente a nuestra capacidad de escuchar la Palabra de Dios. Sin embargo, muchos comentaristas están de acuerdo en que el principio de estar más preparado para escuchar que para hablar se aplica a todas las áreas de nuestra vida.

3. A lo largo de los siglos, los eruditos han dado eco a Santiago 1:19. Dé un ejemplo de la forma en que las siguientes frases podrían aplicarse a su lenguaje (¡o falta de él!).

"Los oídos siempre están abiertos, siempre preparados para recibir instrucción; pero la lengua está rodeada de una doble fila de dientes, para encerrarla y para mantenerla dentro de los límites apropiados".[3]

"Esté presto a escuchar, y con una profunda consideración dé una respuesta".[4]

"Los hombres tienen dos oídos, pero una sola boca, para que debieran escuchar más que hablar".[5]

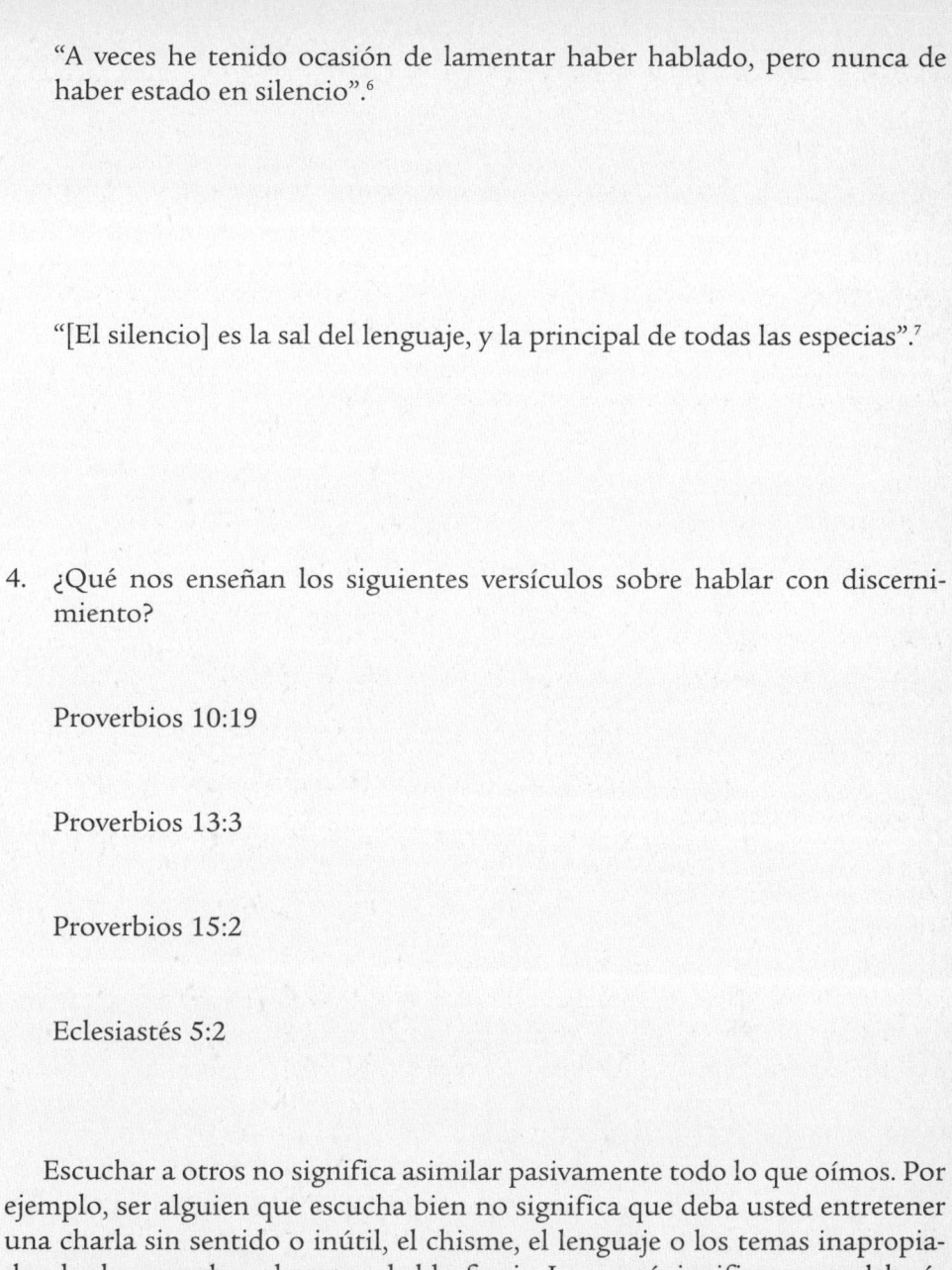

"A veces he tenido ocasión de lamentar haber hablado, pero nunca de haber estado en silencio".[6]

"[El silencio] es la sal del lenguaje, y la principal de todas las especias".[7]

4. ¿Qué nos enseñan los siguientes versículos sobre hablar con discernimiento?

Proverbios 10:19

Proverbios 13:3

Proverbios 15:2

Eclesiastés 5:2

Escuchar a otros no significa asimilar pasivamente todo lo que oímos. Por ejemplo, ser alguien que escucha bien no significa que deba usted entretener una charla sin sentido o inútil, el chisme, el lenguaje o los temas inapropiados, las bromas de mal gusto o la blasfemia. Lo que sí significa es que debería escuchar con atención al consejo sensato, las buenas enseñanzas, las experiencias de otros y, sobre todo, la enseñanza de la Palabra de Dios.

Veamos los componentes de escuchar con eficacia, tal como se encuentran en Proverbios 18:13: "Es necio y vergonzoso responder antes de escuchar".

Oír

El primer componente de escuchar es oír físicamente lo que la otra persona está diciendo. Esto implica minimizar las demás distracciones que pudieran hacernos perder información pertinente; también incluye realizar contacto visual con la persona que habla para poder observar su lenguaje corporal al igual que oír sus palabras.

5. Enumere algunas formas prácticas de asegurarnos que oímos toda la información pertinente que se comunica y que la escuchamos con atención.

Considerar

La palabra hebrea *shama* traducida como "escuchar" en Proverbios 18:13: "Es necio y vergonzoso responder antes de escuchar", denota algo más que solamente oír con nuestros oídos. Dependiendo del contexto, también puede significar "ganar u obtener conocimiento", "estar de acuerdo con la petición o intención [del mensaje]" y "dar total atención".[8] Moisés utilizó la palabra "shama" cuando les dijo a los jueces de Israel que escuchasen los casos del pueblo (ver Deuteronomio 1:16). Moisés quería decir que deberían hacer algo más que escuchar las palabras; quería decir que deberían considerar los méritos del caso para poder alcanzar una decisión justa. "Shama" también se utiliza en Deuteronomio 6:4: "Escucha [shama], Israel: El Señor nuestro Dios es el único Señor". Después Moisés dio varios mandamientos vitales a los israelitas que quería que ellos interiorizasen.

6. Basándose en la definición de "shama", enumere varias cosas que deberíamos considerar cuando escuchamos a otros.

Responder

Una respuesta debería llegar solamente después de una atenta consideración y sólo si es apropiada. Responder antes de haber escuchado y considerado lo que la otra persona ha dicho es necedad, y solamente nos causará vergüenza. Debemos escoger el momento con cuidado y refrenarnos de responder hasta que estemos seguras de que la otra persona ha terminado de hablar. Antes de responder, deberíamos hacernos varias preguntas.

- *¿Está esta persona buscando consejo o simplemente necesita un oído que la escuche? Si necesita simplemente un oído que la escuche, ¿qué puedo decir para hacerle saber que estoy a su lado?*
- *¿Está mi respuesta basada en mis propias experiencias o en la Palabra de Dios?*
- *¿La ayudará mi respuesta o estoy solamente buscando una forma de compartir mi propia experiencia similar?*
- *¿Está revestida mi respuesta de gracia y humildad?*
- *¿Muestra mi respuesta que me preocupo por esta persona?*

UNA ESPERANZA INQUEBRANTABLE

Hay momentos en que una respuesta verbal ni es necesaria ni apropiada. Esto usualmente es cierto cuando una amiga o ser querido está expresando dolor o tristeza. En esos delicados momentos, el silencio calculado puede hacer más bien que un río de palabras con buena intención.

El libro de Job es un excelente libro de texto para aprender cómo responder a aquellos que se lamentan o expresan tristeza.

7. En Job 2:11-13, ¿cómo respondieron los amigos de Job inicialmente a su agonía?

Los amigos de Job acudieron a su lado para la práctica judía del lamento, denominada *sheva*. Por siete días ellos se sentaron con Job sin pronunciar ni una sola palabra. Lloraron con él, lamentaron sus pérdidas y escucharon mientras él lamentaba el día en que nació. Aquellos siete días de silencio fueron lo mejor que aquellos amigos podían ofrecer a Job.

8. ¿Cuál fue el primer error de Elifaz, como Job sugiere en 4:2?

Siguieron días de diálogo. Todos, a excepción de uno de los amigos de Job, intentaron darle su propia explicación del estado lamentable de Job, lo cual solamente aumentó su agonía. Aunque cada uno tenía buena intención, ellos no tenían forma de conocer el plan celestial que se estaba llevando a cabo. Sus palabras y especulaciones solamente hicieron que Job se sintiera peor.

9. Según Job 16:2-5, ¿cómo respondió Job a las palabras de sus amigos?

¿Qué consejo da él respecto a consolar a otros?

10. Piense en un tiempo en que usted estuviera abrumada por la tristeza. ¿Qué fue lo mejor que una amiga hizo o pudo haber hecho por usted en aquel momento?

El delicado arte de escuchar y la disciplina del silencio nunca son más valiosos que cuando se trata de consolar a un individuo que sufre. Si en su vida existe una amiga así en este momento, tome unos momentos para pensar en maneras en que usted podría implementar estas dos prácticas. Escriba sus ideas.

VIDA DIARIA

Una de las mejores maneras de evaluar y mantener sus capacidades de escuchar es la prueba 2-P. La prueba 2-P funciona de la manera siguiente: Cuando converse con alguien, responda a cada tema con al menos dos preguntas. Hacer preguntas en respuesta a las afirmaciones de una persona comunica que usted ha oído lo que la persona ha dicho, que ha considerado lo que ha oído y que está usted interesada en lo que esa persona tiene que decir.

Veamos a Tina, nuestra mujer en la vida cotidiana, como ejemplo. Si Dora hubiera puesto en práctica la prueba 2-P en el almuerzo aquel martes, su conversación podría haber sido algo parecido a esto:

> Tina: Esta semana recibí noticias en el trabajo. He aceptado un traslado a nuestra nueva oficina justo en las afueras de Reno, Nevada.
> Dora: ¡Bromeas! ¿Por qué quieres trasladarte? (Pregunta 1)
> Tina: Bueno, ya llevo pensando un tiempo que podría ser agradable salir de la ciudad, pero no lo estaba buscando activamente. No creía que se convirtiese en realidad, así que nunca te lo mencioné.
> Dora: ¿Y cómo llegaste a esa decisión? (Pregunta 2)
> Tina: En realidad, mi jefa se acercó a mí con la idea. Ella me dijo que yo era la mejor persona en quien pensaba para formar al equipo en nuestras nuevas instalaciones.
> Dora: ¡Vaya un honor! ¡Estoy muy emocionada por ti, Tina! Oh, ¡pero voy a extrañarte mucho!
> Tina: ¡Ya lo sé! Eso será lo más difícil del traslado: dejarte. Pero debemos mantenernos en contacto, y puedes ir a visitarme a menudo.

11. Ahora es tiempo de poner a trabajar la prueba 2-P. Para cada una de las siguientes afirmaciones que una amiga pudiera decirle, escriba dos preguntas que podría hacer en respuesta a ellas.

"He estado realmente agobiada en el trabajo (o en casa)".

"Mi hija acaba de tener su primer bebé".

"Mi esposo últimamente parece cansado y derrotado de verdad".

"Acabo de regresar de unas estupendas vacaciones de fin de semana".

Haga de la prueba 2-P un juego esta semana. Puede que se sienta un poco tonta, en especial si no está acostumbrada a responder a otros con preguntas, pero a la persona que esté hablando no le importará su interés. Ella *observará* su atención, aun cuando no verbalice su gratitud.

A medida que aprenda a honrar a sus amigas ofreciéndoles un oído que escucha, podría sorprenderse al descubrir que es contagioso. Finalmente, otros se pondrán a su altura y comenzarán a mostrarle la misma consideración. Poner en práctica el delicado arte de escuchar le ayudará a convertir sus relaciones más superficiales en otras con un significado más profundo y mayores bendiciones.

Notas
1. Esta historia es un relato ficticio. Cualquier parecido con eventos o personas reales, vivas o muertas, es pura coincidencia.
2. Howard G. Hendricks, "Prayer: The Christian´s Secret Weapon", *Veritas*, vol. 4, no. 1 (Enero de 2004).
3. Albert Barnes, "Commentary on James 1:19", *Albert Barnes´ Notes on the Bible*, versión 7.0.5, e-Sword.
4. Ibid.
5. Ibid.
6. Ibid.
7. Dicho judío, citado en John Gill, "Commentary on James 1:19", *John Gill´s Exposition of the Entire Bible*, versión, 7.0.5, e-Sword.
8. James Strong, *The New Strong´s Exhaustive Concordance of the Bible* (Nashville, TN: Thomas Nelson Publishers, 2001), hebreo 8085.

sesión seis

CÓMO *recibir y aplicar* CORRECCIÓN

REVESTIDAS DE GRACIA Y HUMILDAD

*Recuerden que quien hace volver a un pecador de su extravío,
lo salvará de la muerte y cubrirá muchísimos pecados.*
Santiago 5:20

*Hijo mío, no tomes a la ligera la disciplina del Señor ni te desanimes cuando te reprenda,
porque el Señor disciplina a los que ama, y azota a todo el que recibe como hijo.*
Hebreos 12:5-6

MUJER EN LA VIDA COTIDIANA

Adriana sintió que su rostro se ponía rojo a medida que el enojo crecía en su interior. Intentó evitar levantar la voz, pero fue inútil. "Puedo soportar que todos los demás me juzguen, pero no tú, Laura, ¡no mi mejor amiga!", gritó.

Laura sintió la punzada de las lágrimas que se formaban en sus ojos, y el nudo en su garganta se hacía más insoportable con el paso de los segundos. Ella no había tenido intención de herir a Adriana, pero durante semanas había sentido que el Señor la instaba a confrontar a su amiga sobre su actitud hacia su esposo.

—Adriana, no te estoy juzgando. Me preocupo por ti y me preocupo por tu matrimonio, y es por eso que saqué el tema en primer lugar. He estado alrededor de ustedes desde que comenzaron a ser novios, y algo ha cambiado últimamente. Tu enojo hacia Carlos está comenzando a hacerle daño a tu relación, y estoy preocupada por ti. Y para ser totalmente sincera, Adriana—Laura intentó escoger sus palabras con cuidado—estos días me está haciendo difícil estar contigo como amiga tuya, porque siempre te estás quejando de Carlos. Parece que ya no quieres encontrar nada positivo de que hablar. Yo te quiero, Adriana, y quiero que experimentes el gozo de un matrimonio sano.

—Tú eres como todos los demás, Laura. No sabes toda la historia y, sin embargo, pretendes tener todas las respuestas. ¡Eso me enferma! ¿Quieres ser mi juez o mi amiga? No puedes ser ambas cosas.

La mirada de Adriana se dirigió al piso a la vez que pronunciaba las palabras. Pensó: *Eso suena duro, ¡pero es cierto! ¿Por qué no puede todo el mundo sencillamente dejarme vivir mi vida? ¡No es que ellos no tengan también ropa sucia que lavar! Además, la Biblia dice que uno no debe juzgar a los demás.*

Laura se quedó sin habla. Intentó frenéticamente pensar en una manera de salir de allí lo más rápidamente posible, pero sabía que estaría mal salir corriendo en aquel momento crucial. *¿Debería disculparme? ¿Debería ser más firme? ¿Merece la pena perder nuestra amistad? ¡Señor, por favor, ayúdame!*[1]

La mayoría de nosotras en un momento u otro hemos tenido que confrontar a otra persona con respecto a algo desagradable. Y muchas veces, sin importar con cuánto cuidado lo presentemos, hay sentimientos heridos y hasta enojadas refutaciones. Esperamos que la otra persona finalmente vea la verdad de lo que decimos.

1. Describa brevemente un momento en el que usted haya tenido que hacer una crítica constructiva a alguien (sin dar nombres). ¿Cuál fue la reacción inicial de la otra persona? ¿Aceptó la persona finalmente la corrección?

   ¿Qué aprendió usted de la experiencia?

2. ¿Cuál es su respuesta normal cuando una amiga o familiar le ofrece corrección a usted?

¿Existe una diferencia entre el modo en que usted responde a una amiga y el modo en que responde a un familiar? ¿Por qué?

Es un hecho de la vida que usted será quien realice la corrección y también quien la reciba en varios momentos durante su vida. Descubramos algunos aspectos importantes de dar y recibir una crítica constructiva.

SABIDURÍA ETERNA

Juzgar a otros

Pregunte a la mayoría de la gente qué dice la Biblia sobre juzgar a los demás e incluso los no creyentes citarán más o menos Mateo 7:1: "No juzguen a nadie, para que nadie los juzgue a ustedes". A la vez que ignoran el resto de la Escritura, la sociedad ha considerado que este versículo lo abarca todo y no dudan en usar la defensa del "no me juzgues" siempre que se ven amenazados por la desaprobación de cualquier tipo.

Elisabeth Elliot observó el problema con el siguiente razonamiento:

> La actual idea popular de que juzgar a otros es en sí mismo un pecado conduce a frases tan inadecuadas como: "Yo estoy bien y tú estás bien". Fomenta una conspiración de la indiferencia moral, que dice: "Si nunca me dices que algo de lo que hago está mal, nunca te diré que algo de lo que tú haces está mal".
>
> "No juzguen para no ser juzgados" ha llegado a significar que si uno nunca llama pecado a nada, nadie puede nunca llamarle pecador a nadie. Usted hace lo suyo, y me deja a mí hacer lo mío, y aceptemos a todo el mundo y no nos preocupemos de lo que estén tramando.[2]

3. ¿Qué nos dice 1 Corintios 5:12-13 sobre juzgar a los no creyentes y a los creyentes? ¿Por qué cree usted que hay una distinción entre juzgar a no creyentes y juzgar a creyentes?

Podría ser útil aclarar lo que significa juzgar. El diccionario define "juzgar" como "formarse una opinión mediante sopesar cuidadosamente la evidencia y la prueba de las premisas".[3] La frase operativa es "sopesar cuidadosamente la evidencia".

4. ¿Cómo probaría usted una premisa?

Sopesar los actos de una persona se hace con el propósito de reconocer cuándo es apropiada una corrección piadosa (ej.: cuando sus actos contradicen los principios bíblicos). Nunca debemos juzgar a otros por razones egoístas, (ej.: celos, chismes, orgullo), y deberíamos equilibrar cada juicio con el reconocimiento de la increíble cantidad de gracia que Dios nos ha ofrecido a nosotras.

5. Según Santiago 5:19-20, ¿cuál es el propósito final de la corrección piadosa?

¿Cómo podría ayudarnos Mateo 7:1-4 a comprobar nuestros motivos para juzgar a otros?

Ahora que tenemos una mejor comprensión del juzgar, veamos más de cerca la corrección.

Corrección

Recibir y aplicar corrección son vitales para nuestro crecimiento como cristianas. Nuestra actitud hacia esas dos disciplinas tiene influencia en nuestro crecimiento espiritual. Cómo vemos la corrección, cómo respondemos a la corrección y cómo aplicamos la corrección son tres áreas que ayudan a revelar nuestro compromiso a llegar a estar más cerca de Cristo y ser más semejantes a Él. Nuestra tendencia natural en respuesta a la corrección es considerarla dañina, innecesaria, injusta o como un ataque personal. Seamos sinceras: todas nosotras hemos tratado con esas reacciones en un momento u otro.

6. Según Hebreos 12:5-11, ¿cómo deberíamos considerar la disciplina del Señor?

¿Cómo podría Dios disciplinarnos por medio de la corrección de otra persona?

7. ¿Qué perspectiva nos da Proverbios 27:5 sobre cómo recibir corrección de otros?

Cómo responder a la corrección
Nuestra perspectiva sobre la corrección dictará en parte nuestra reacción a ella. Nuestro corazón puede solamente viajar adonde nuestra cabeza lo dirija; en otras palabras, tener un claro entendimiento de la corrección hará que nuestras emociones caigan en su lugar. Pero ya sea que nos sintamos bien o no por ella, atender a la corrección es algo no negociable.

8. El libro de Proverbios está lleno de advertencias acerca del modo en que debemos responder a la corrección. Lea los siguientes versículos, y luego resuma el punto principal de cada uno:

Proverbios 10:17

Proverbios 15:31

Proverbios 19:20

"Escuchar", "aceptar", "sabio"; ¿ve usted una tendencia? A pesar de lo equivocados que creamos que los demás pueden estar en su punto de vista de nosotras o de nuestros actos, se nos manda escuchar con paciencia y con un corazón abierto y humilde, recordando que uno de los modos de disciplina más frecuentes de Dios es la corrección por parte de otras personas.

9. A veces, puede que reciba usted de alguien en quien confía una amonestación que esté totalmente fuera de lugar. ¿Cuál es el mejor curso de acción en tal situación?

Puede usted escoger responder a la corrección con indignación, enojo, autocompasión o a la defensiva, o puede usted escoger responder con humildad, oración, gracia, gratitud y una determinación de cambiar cuando sea adecuado hacerlo. Usted elige.

Cómo aplicar corrección

Al igual que aprendió Laura, nuestra mujer en la vida cotidiana, aplicar corrección puede ser una de las cosas más difíciles de hacer. Al igual que los padres amorosos lamentan tener que disciplinar a su querido hijo, así nosotras nos entristecemos por tener que decirle a una amiga algo que probablemente vaya a hacerle daño.

10. Según Proverbios 28:23, ¿qué esperanza hay para la gente que aplica corrección?

Dios no nos ha dejado que nos las arreglemos solas para descubrir cómo confrontar a otros; en cambio, Él nos ha dado pautas concretas.

11. Complete los siguientes espacios utilizando Mateo 18:15-17.

El propósito de la confrontación es revelar _____ de la otra persona.

Inicialmente confronte a la persona _____. Si eso no da resultado, tome _____ o _____ para actuar como testigos.

Si la persona sigue negándose a escuchar, llévelo _____.

Si la persona sigue sin escuchar, trate a esa persona como lo haría a un _____.

Antes de confrontar a cualquier creyente, considere los siguientes cuatro pasos sobre la confrontación:

Paso uno: Preguntar
- ¿Cuál es el meollo del asunto? ¿Es un asunto de pecado o un asunto de libertad espiritual (ver 1 Corintios 10:29)?
- ¿Cuál es la mejor forma de enfocar el tema?
- ¿Soy yo la persona que debe confrontar a esa persona? (¡No deje que esta pregunta se convierta en una excusa para la pasividad!)
- ¿Cuáles son mis motivos? ¿Son puros?
- ¿Debería buscar consejo antes de confrontar a esta persona? Si es así, ¿a quién debería acudir? (Él o ella debería ser otro creyente que sea objetivo; no lo utilice como una oportunidad para chismear.)

Paso dos: Orar
- Pida a Dios sabiduría y discernimiento.
- Busque el corazón de Dios para asegurarse de que sus motivos son puros.
- Pida a Dios el momento y el lugar apropiados según su voluntad.
- Pida a Dios que prepare el corazón de la otra persona.

Paso tres: Confrontar
- Restaurarlo (a él o ella) con espíritu de mansedumbre (ver Gálatas 6:1).
- Demostrar comprensión y empatía.
- Utilizar pasajes bíblicos adecuados.
- Revestirse usted misma de humildad.
- Hablar con claridad y con calma.

Paso cuatro: Seguimiento
- No abandone a la persona después de haberla confrontado, En cambio, restáurela hasta donde le sea posible (ver Mateo 18:17 para aquellos que se niegan a atender a la corrección).
- Ofrézcase a reunirse y orar con la persona a medida que ella crezca en el área que usted ha abordado.
- Demuestre su deseo genuino de ayudar a la persona a la que ha confrontado no actuando de forma diferente hacia ella después.

Seguir estas pautas para aplicar corrección ayudará a minimizar la defensiva de la otra persona hacia la corrección. Este método no garantiza que la amonestación sea eficaz —esa parte le corresponde al individuo al que usted confronta— pero eliminará cualquier razón para culparse a usted misma por cualquier fallo.

UNA ESPERANZA INQUEBRANTABLE

¿Se ha mirado una vez en un espejo de aumento? Ya sabe, esos que magnifican cualquier fallo insignificante. Algunas personas se niegan a poseer uno, aferrándose a la falsa esperanza de que si no saben que esos defectos están ahí, ¡los defectos no pueden existir!

Las relaciones son el espejo de aumento favorito de Dios. Nuestras amistades magnifican cada uno de nuestros fallos, revelando a los demás quiénes somos en realidad. Cuanto más cerca estemos de alguien, más se destacarán nuestros fallos (¡y los de ellos!). Podemos negarnos a mirarnos al espejo, pero eso no significa que lo que nos negamos a ver no exista. De hecho, por doloroso que pueda ser, mirarse al espejo de las amistades nos ayudará a descubrir los defectos más feos para que podamos abordarlos.

12. ¿Cuáles son algunos de los defectos que usted ha descubierto sobre sí misma a medida que han profundizado sus relaciones?

¿Cómo intenta usted cubrir esos defectos (ej.: al ignorarlos, convencerse a sí misma de que no son *tan* malos, al culpar a otros)?

El orgullo es uno de los mayores obstáculos para el crecimiento espiritual. Desgraciadamente, es también un hábito difícil de vencer. En la soberanía de Dios, Él nos ha dado relaciones para que podamos centrarnos no en nosotras mismas, sino en los demás. Necesitamos escuchar a quienes Dios ha puesto en nuestra vida; ¡muchas veces ellos son la boca que Él utiliza para captar nuestra obstinada atención!

13. Enumere las personas que usted siente que Dios ha puesto en su vida como su espejo de aumento.

¿Cómo necesita cambiar su actitud hacia la piadosa corrección que esas personas dan?

VIDA DIARIA

Tome un momento para pensar en un escenario donde la confrontación sería necesaria. Podría ser una situación que esté enfrentando actualmente, una que haya enfrentado en el pasado, una que se haya inventado o una basada en la historia de nuestra mujer en la vida cotidiana. Divida una hoja de papel en cuatro columnas y después titule las columnas con estas palabras: "Preguntar", "Orar", "Confrontar" y "Seguimiento". Utilizando las pautas de las que hablamos en la sección "Cómo aplicar corrección", rellene el esquema según su escenario concreto. La actividad será más poderosa si usted en realidad la aplica a su vida, así que tómela en serio.

Aparte tiempo esta semana para hacer con frecuencia la siguiente oración:

> *Padre de gracia, gracias por amarme lo bastante como para disciplinarme. Abre mis ojos a las cosas que tú me enseñas mediante la corrección de otros. Ayúdame a poner a un lado mi orgullo y considerar en oración cualquier verdad que haya en esas amonestaciones para que pueda crecer en sabiduría. Señor, reviste mi lengua de gracia y humildad cuando tenga la ocasión de confrontar a mis hermanas en Cristo. Examina y purga cualquier motivo impuro de mi corazón. Oro estas cosas en el precioso nombre de Jesús, amén.*

Notas
1. Esta historia es un relato ficticio. Cualquier parecido con eventos o personas reales, vivas o muertas, es pura coincidencia.
2. Elisabeth Elliot, *On Asking God Why* (Old Tappan, NJ: F. H. Revell, 1989), n. p.
3. *Merriam-Webster´s Collegiate Dictionary*, 11th ed., bajo "judge".

sesión siete

Rescate
DEL NAUFRAGIO

EL PERDÓN

*De modo que se toleren unos a otros y se perdonen si alguno tiene queja contra otro.
Así como el Señor los perdonó, perdonen también ustedes.*
COLOSENSES 3:13

*Yo creo firmemente que muchas oraciones no son contestadas
porque no estamos dispuestos a perdonar a alguien.*
DWIGHT L. MOODY

MUJER EN LA VIDA COTIDIANA

"Muy bien, señoras, para esta sección vamos a dividirnos en parejas para orar las unas por las otras", anunció la líder del pequeño grupo. De repente, la habitación se llenó de charla a la vez que las mujeres escogían las parejas. Después de que todas se hubieran preparado, la líder observó que había dos mujeres que no tenían pareja. "Nancy y Elisa, ¿por qué no se emparejan?", sugirió.

Nancy se quedó helada en un momento de pánico. *De todas las mujeres que hay aquí, ¿cómo me quedé con Elisa?*, pensó. Observó con horror cómo su anterior amiga reunía sus cosas, agarraba su silla y caminaba hacia ella. La mente de Nancy se estaba ahogando en un mar de ruidosos pensamientos. *No puedo orar por ella, Dios. No después de la forma en que ella traicionó mi confianza. Ser cordial con* ella es una cosa; hasta me quedé en los estudios bíblicos aunque quería irme, ¿pero orar por ella? Eso es más de lo que yo estoy preparada para hacer.

Cuando Nancy descubrió que Elisa había compartido algo de información sensible y personal sobre ella con otras amigas mutuas, la herida le había llegado a lo profundo del corazón. Ahora que observaba a Elisa prepararse para cruzar la habitación, la herida se abría y volvía a doler. *¿Qué voy a hacer?*, le rogaba Nancy a Dios. *No es que pueda decir: "Lo siento Elisa, ¿por qué no pides a otra persona que ore por ti?". ¡Todo el mundo pensaría que soy la peor persona del mundo! Mírala; ¡está caminando hacia aquí como si nada hubiera ocurrido! ¡Voy a tener que pensar con rapidez!*

Antes de que Nancy pudiera decir o hacer nada sobre su situación, Elisa ya estaba situando su silla cerca la de su anterior amiga. *Oh, Dios*, oró Nancy en silencio, *ayúdame a pasar por esto. Ni siquiera puedo mirarla a la cara, ¡y mucho menos orar por ella!*[1]

Cuando invertimos nuestro tiempo y nuestras emociones en una relación, permitiéndonos a nosotras mismas confiar y ser vulnerables con otros, es seguro que habrá momentos en que seremos heridas. Somos criaturas imperfectas y pecadoras, y ninguna de nosotras es inmune a hacer daño a otros o a resultar heridas nosotras mismas. La verdad es que a pesar de lo fuertes que sean nuestros vínculos de amistad, sin perdón cada una de nuestras amistades sería extremadamente corta.

El perdón puede ser difícil. Es intangible, y por esa razón puede que tengamos dificultad para saber si hemos perdonado por completo a alguien. ¿Puede identificarse con alguna de las siguientes frases?

- "Pensé que había perdonado a esa persona, pero el dolor nunca se ha ido."
- "Prefiero simplemente ignorarla a tener que tratar el asunto."
- "Ella no merece el perdón; lo que hizo es tan impensable que ni siquiera quiero pensar en ello, y menos perdonarla."
- "No estoy preparada para perdonar; me sigue doliendo demasiado."

Si alguna de esas frases le resulta familiar, deje que esta sesión sea el primer paso hacia la sanidad. No podrá usted disfrutar de las bendiciones de las amistades si alberga resentimiento y se niega a perdonar a quienes le han hecho daño.

1. Enumere varias maneras en que las mujeres se hacen daño las unas a las otras.

   ¿Por qué son esas heridas tan difíciles de perdonar?

SABIDURÍA ETERNA

Las heridas de una amiga son más profundas que las que pudiera causar incluso una enemiga. En las amistades, aun las ofensas comparablemente menores son aumentadas bajo la lente de la vulnerabilidad. La sinceridad y la vulnerabilidad son cualidades esenciales en cualquier amistad, pero también incrementan las posibilidades que usted tiene de ser herida por alguien a quien ha permitido acercarse a usted.

2. ¿Por qué Dios espera que tengamos relaciones abiertas y sinceras con otros, si eso también significa que tenemos más oportunidades de ser heridas?

3. ¿Ha sido usted alguna vez herida por una buena amiga? Explique la situación y cómo le hizo sentir.

Aunque extender perdón a otra persona puede o no marcar una diferencia para esa persona (hay personas a las que debemos perdonar y que ya hace mucho tiempo que se han alejado de nuestra vida), esa no es la razón principal por la cual lo hacemos. Mediante el perdón, restauramos nuestras propias emociones rotas, y, al hacerlo, profundizamos nuestra relación con Dios entregándole a Él nuestra herida.

4. En Mateo 18:21-35, ¿tenía el amo justificación para llamar malvado al siervo? ¿Por qué o por qué no?

Vuelva a leer el versículo 35. ¿Por qué Dios trataría tan duramente a aquellos que se niegan a perdonar?

Jesús fue traicionado por un amigo, crucificado por sus paisanos y murió en una cruz por pecados que Él no había cometido. Sin embargo, Él predicó el perdón y lo vivió en su propia vida. Recordar la gracia que Dios nos ha extendido es fundamental para ser capaces de extender perdón a otros.

5. ¿Qué tiene que decir cada uno de estos pasajes sobre la importancia del perdón?

Mateo 6:12, 14-15

Marcos 11:25

Efesios 4:31-32

Si nos negamos a obedecer los mandamientos de Dios de perdonar a alguien que haya pecado contra nosotras, ponemos en peligro nuestra relación con Dios. En cualquier momento en que alberguemos pecado en nuestro corazón, bloqueamos las líneas de comunicación entre nosotras y Dios. Solamente admitir nuestro pecado y perseguir la obediencia rectificará nuestra relación con Él.

6. ¿Cómo se relaciona Romanos 12:17-21 con perdonar a los demás?

¿De qué maneras podría usted de modo figurado dar de comer o beber a alguien que le haya herido?

7. ¿Significa necesariamente perdonar que su amistad con la persona que la haya herido tiene que ser restaurada? Explique su respuesta.

8. Si usted escoge perdonar a alguien que le haya herido y esa persona acepta su perdón, ¿qué otros obstáculos podrían interponerse en el camino de la reconciliación completa de esa amistad?

¿Cómo podrían vencerse esos obstáculos?

¿Es siempre posible una amistad totalmente restaurada? ¿Por qué o por qué no?

UNA ESPERANZA INQUEBRANTABLE

Hay otro aspecto del perdón que provoca una increíble esperanza. El malentendido más común acerca del perdón es que debemos perdonar y olvidar. ¡La mente humana no funciona de ese modo! Olvidar puede ser un subproducto del perdón, pero simplemente intentar bloquear de nuestras mentes las ofensas del pasado nunca es un medio para perdonar.

Algunos podrían intentar perdonar a un ofensor, al hacer votos de no recordar nunca más la ofensa. Después, se sienten desanimados y desilusionados cuando dos años —y hasta dos días— después, sienten un resurgir de amargura y un deseo de que se haga justicia.

Su malentendido sigue este razonamiento: *Dios ha perdonado mis pecados, por eso debo olvidar los pecados que otros cometen contra mí.* Pero existe un problema con tal razonamiento. Si Dios es omnisciente —es decir, que lo conoce todo— ¿puede Él alguna vez *olvidar* completamente algo?

9. Lea los siguientes pasajes de la Escritura y anote lo que cada uno dice sobre la omnisciencia de Dios.

Salmo 139:1-4

Isaías 40:13-14

Hebreos 4:13

Si Dios conoce todo, ciertamente Él recuerda qué pecados cometimos la semana pasada. Él ha escogido perdonarnos porque Jesús pagó el precio de nuestros pecados en la cruz del Calvario.

10. Según el Salmo 103:10-12, ¿qué ha hecho Dios en lugar de meramente olvidar nuestros pecados?

¿Qué le dice esto sobre el tipo de perdón que debe usted extender a otros?

En Mateo 18:21-22 Pedro preguntó: "Señor, ¿cuántas veces perdonaré a mi hermano que peque contra mí? ¿Hasta siete?" (v. 21). Cuando Pedro hizo esta pregunta, pensaba que estaba siendo generoso. Algunos rabinos de la época —

quienes citaron a Amós 1:3, 6, 9, 11, 13— enseñaban que como Dios perdonó a los enemigos de Israel solamente tres veces, perdonar a alguien más de esas tres veces era innecesario, e incluso presuntuoso.[2] Sin embargo, Jesús no lo creía así.

11. Según Mateo 18:22, ¿cómo respondió Jesús a la pregunta de Pedro?

Ya que la intención de Jesús obviamente no era la de contar cada vez que perdonamos a otra persona, ¿qué intentaba enseñarle a Pedro mediante su respuesta?

Aun después de haber perdonado a alguien habrá veces en que querremos gritar: "¿No he tratado ya con esto?". El Espíritu Santo es lo suficientemente poderoso para quitar todo dolor y amargura una vez y para siempre, y sanar nuestras almas heridas. Sin embargo, muchas veces Él escoge no hacerlo y nuestra carne batalla contra la resurgencia del dolor y la amargura.

Cuando Jesús le dijo a Pedro que perdonara sin importar las veces a alguien que pecase contra él, quizá pensaba en esas veces en que nuestra carne no quiere escucharnos; y cuando revivimos esos sentimientos dolorosos día tras día —a veces hora tras hora— durante meses, y a veces años. ¿Es posible que Él quisiera decir que debemos perdonar a alguien setenta veces siete incluso *por la misma ofensa*?

12. ¿Ha batallado usted alguna vez con el resurgimiento de la amargura y/o el dolor debido a una ofensa que ya había perdonado? Explique su respuesta.

13. Lea el relato paralelo del pasaje de Mateo en Lucas 17:4-5. ¿Cuál fue la respuesta de los apóstoles al mandato de Jesús de perdonar numerosas veces?

Cuando usted sienta las punzadas de dolor familiares por una ofensa que ya ha decidido perdonar, clame al Señor: "¡Aumenta mi fe!". Recuerde: a medida que usted siga escogiendo la obediencia y piense en lo que es verdadero, sus emociones seguirán; quizá no en ese momento o incluso en ese año, pero *experimentará* una sanidad completa mediante el poder incomprensible de Dios.

VIDA DIARIA

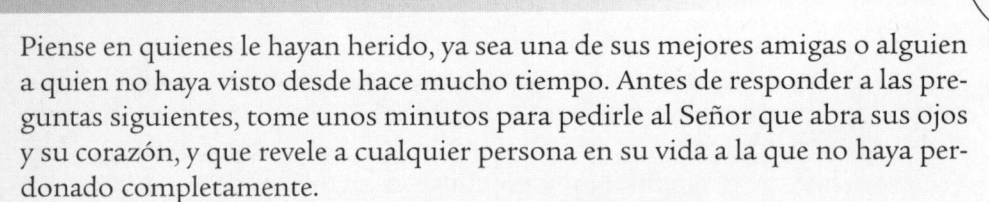

Piense en quienes le hayan herido, ya sea una de sus mejores amigas o alguien a quien no haya visto desde hace mucho tiempo. Antes de responder a las preguntas siguientes, tome unos minutos para pedirle al Señor que abra sus ojos y su corazón, y que revele a cualquier persona en su vida a la que no haya perdonado completamente.

> *Querido Padre, ¡tú me has perdonado mucho! No quiero dar por sentada tu gracia como el siervo necio en Mateo 18. Aumenta mi fe para que pueda perdonar de corazón. Deseo glorificarte, extendiendo a otros solamente una fracción de la gracia que tú me has mostrado a mí. Revísteme de humildad y dame la fortaleza para hacerlo. Amén.*

Para cada persona que aún necesite usted perdonar (ya sea por primera vez o por décima), utilice una hoja de papel por separado para responder las siguientes preguntas. Escriba las iniciales de la persona al comienzo de cada página.

- ¿Qué me impide perdonar verdaderamente a esta persona?
- ¿Por qué palabras, actitudes o actos necesito disculparme?
- ¿Qué pasos puedo dar hacia la reconciliación de la relación? (Puede que no haya ninguno; si es así, escriba la razón por la cual no es posible la reconciliación).

- ¿Cómo puedo orar concretamente por esta persona?
- ¿Cómo puedo mostrar bondad a esta persona?

Cuando haya terminado cada hoja, ore por la relación y pida la gracia de Dios para perdonar. Que la paz de Dios llene su corazón y restaure sus amistades a medida que usted comienza —o continúa— el proceso de rescate del naufragio que ha causado la falta de perdón en su vida. Recuerde: puede que el viaje sea difícil, pero los beneficios de reconciliar una amistad no tienen precio.

Notas
1. Esta historia es un relato ficticio. Cualquier parecido con eventos o personas reales, vivas o muertas, es pura coincidencia.
2. John MacArthur, *The MacArthur Study Bible* (Nashville, TN: Word Bibles, 1997), p. 1426.

sesión ocho

RESULTADO DE LAS
relaciones correctas

LAS BENDICIONES DE LA AMISTAD

¡Cuán bueno y cuán agradable es que los hermanos convivan en armonía! Donde se da esta armonía, el Señor concede bendición y vida eterna.
SALMO 133:1, 3

Por su acción todo el cuerpo crece y se edifica en amor, sostenido y ajustado por todos los ligamentos, según la actividad propia de cada miembro.
Efesios 4:16

MUJER EN LA VIDA COTIDIANA

Toda mujer tiene una historia que contar, y hoy le toca a usted el turno. En el espacio siguiente, escriba una breve historia real sobre una de sus propias relaciones. Por ejemplo, podría describir un tiempo en que una amiga la ayudó a atravesar un período difícil o un tiempo en que una amiga fue ejemplo de honestidad, vulnerabilidad o perdón.

Ahora veamos lo que la Biblia tiene que decir sobre las bendiciones que provienen de las relaciones sanas y correctas.

SABIDURÍA ETERNA

Dios inspiró a muchos de los escritores bíblicos a utilizar ilustraciones, metáforas y cuadros para ayudarnos a comprender los mensajes de Él. Pablo usó un interesante cuadro para describir las relaciones dentro del Cuerpo de Cristo en 1 Corintios 12:12-26.

1. ¿Cómo describe Pablo a los creyentes en este pasaje?

Resuma brevemente los versículos 15-24.

2. Según los versículos 24 y 25, ¿por qué ha dado Dios "mayor honra a los que menos tenían"? ¿Qué cree usted que eso significa?

3. ¿Qué comunica el versículo 26 sobre las relaciones dentro del Cuerpo de Cristo?

4. ¿Cuán dependientes son las partes físicas de su propio cuerpo las unas de las otras?

   ¿De qué maneras son independientes las unas de las otras?

5. ¿Cómo somos nosotros, como Cuerpo de Cristo, dependientes los unos de los otros?

   ¿De qué maneras podríamos ser independientes los unos de los otros?

Aunque como miembros del Cuerpo de Cristo cada uno retenemos nuestra identidad individual, seguimos trabajando juntos mediante nuestra unidad y ministerio con un propósito: dar gloria a la Cabeza del Cuerpo, Jesucristo (ver Efesios 4:15).

6. Según Efesios 4:16, ¿cómo están conectados los miembros del Cuerpo de Cristo?

¿Qué cree usted que significan los ligamentos que sostienen?

Las relaciones correctas podrían ser parte de los ligamentos que sostienen en el Cuerpo de Cristo. Cuando estamos unidas por el compromiso, la aceptación incondicional, la honestidad, la vulnerabilidad, el perdón y el respeto, crecemos y nos edificamos mutuamente en amor. Esa es la forma en que Dios diseñó que el Cuerpo funcionara, y como con todos sus diseños, este da como resultado una bendición y una satisfacción inconmensurables.

UNA ESPERANZA INQUEBRANTABLE

Uno de los resultados más importantes de las relaciones correctas en el Cuerpo de Cristo es la unidad. La unidad nos permite trabajar juntos para glorificar a Dios y compartir su amor con los demás.

7. ¿Cómo se describe la unidad entre los creyentes en el Salmo 133?

David escribió este Salmo como un cuadro de la unidad entre los hermanos de Israel: los descendientes de Abraham, Isaac y Jacob. Ahora mediante su Hijo, Jesucristo, Dios nos ha extendido como creyentes del Nuevo Pacto no solamente el pacto que Él hizo con aquellos patriarcas, sino también las bendiciones que Él prometió. Veamos algunas de las bendiciones que se describen en el Salmo 133.

La primera bendición que recibimos se compara con "el buen aceite que se derrama desde la cabeza" (v. 2). Ser cubierto con aceite podría no sonar muy atractivo, pero el simbolismo espiritual es importante.

8. Según Éxodo 30:22-30, ¿qué era único en el santo aceite de la unción? ¿Qué contenía?

   ¿Qué propósito cumplía el aceite (v. 29)?

9. Ya que comprende el rico simbolismo espiritual del santo aceite de la unción, vuelva a leer el Salmo 133:2. ¿Cómo se aplica la bendición espiritual del aceite a la unidad entre los creyentes?

La segunda bendición se asemeja al "rocío de Hermón... descendiendo sobre los montes de Sión" (v. 3). El monte Hermón es la montaña más grande en Israel. Está situada en la región al norte del país y se eleva hasta 9,200 pies. Es tan grande que la lluvia y la nieve que descienden de la montaña forman cientos de diminutos arroyos que se combinan para crear el río Dan, el más importante de las tres fuentes que alimentan al río Jordán.[1] Eso supone mucha humedad, ¡en especial para un país tan relativamente seco! Ahora vuelva a leer el Salmo 133:3.

10. Jerusalén, o el monte Sión, recibe una media pluvial de entre 60 y 90 centímetros al año, y el monte Hermón recibe casi dos metros.[2] ¿Cómo podría cambiar el paisaje de Jerusalén si recibiera la misma cantidad de lluvia que recibe el monte Hermón?

El cuadro que David dibuja es uno de frescor: arroyos cristalinos, rocío de la mañana, nieves de invierno y profusa vegetación. Si ha estado usted en Jerusalén o ha visto fotografías, podrá apreciar la imagen de David.

11. ¿Cómo se relaciona esta segunda bendición con la unidad y las relaciones correctas?

12. ¿Qué tercera bendición se encuentra en el versículo 3? ¿Cómo se relaciona con la unidad?

Tenemos mucha razón para cantar junto con David: "¡Cuán bueno y cuán agradable es que los hermanos convivan con armonía!" (Salmo 133:1).

VIDA DIARIA

Las pasadas siete semanas han estado llenas de muchas lecciones, experiencias y bendiciones a medida que hemos explorado las características de las verdaderas amistades. Ahora que este estudio llega a su conclusión, tome unos minutos para documentar sus pensamientos acerca de cada característica. Podría comentar sobre una lección que haya aprendido, algún área en la que necesite aún trabajar, una perspectiva que haya obtenido o una manera en que alguien le haya bendecido en esa área. Repase brevemente cada sesión si es necesario. Se proporciona un ejemplo para la primera sesión.

Características de las verdaderas amistades	Comentarios personales
Necesarias para las mujeres (sesión 1)	**Ejemplo:** *Nunca había comprendido por qué las relaciones eran tan importantes para las mujeres. A medida que he trabajado para edificar amistades sanas, me he sentido mucho más satisfecha.*
Mejores cuando se enfocan en un pequeño grupo fundamental (sesión 2)	
Alentadoras (sesión 3)	
Honestas y vulnerables (sesión 4)	
Caracterizadas por escuchar (sesión 5)	
Oportunidades para la humildad y el crecimiento (sesión 6)	
Basadas en el perdón (sesión 7)	

Aunque Edgar Guest, conocido como el poeta del pueblo, murió en 1959, su práctico poema, "Sé un amigo", trasciende a las generaciones y capta gran parte de lo que significan las verdaderas amistades.

SÉ UN AMIGO

Sé un amigo. No necesitas dinero;
Solamente una buena disposición;
Solamente el deseo de ayudar a otro;
Solamente extender una mano amable
A alguien que no tenga amigos;
Solamente la voluntad de dar o prestar,
Eso te convertirá en amigo de alguien.
Sé un amigo. No necesitas gloria.
La amistad es una simple historia.
Pasa por alto los errores sin importancia ciegamente,
Mira al esfuerzo honesto amablemente,
Anima al joven que lo intenta valientemente,
Compadece a quien suspira tristemente;
Solamente hay que emplear un poco de labor
En las obligaciones de ser amigo.
Sé un amigo. La paga es más grande
(aunque no se escriba con cifras)
De la que gana la gente importante
En lo que es meramente una empresa propia.
Tendrás amigos en lugar de vecinos
Como beneficio de tu labor;
Al final serás más rico
Que un príncipe, si eres amigo.[3]

13. ¿Quién ha enriquecido su vida con su amistad? ¿Qué podría hacer usted hoy para expresar su amor por sus amigas?

¿Quién es alguien con la cual le gustaría desarrollar una amistad? ¿Qué primer paso podría usted dar hoy para hacer una nueva amiga?

Abraham Lincoln dijo en una ocasión: "La mejor parte de la vida de alguien consiste en sus amistades".[4] Que lo mismo sea cierto para su vida, a medida que Dios la bendiga mediante las amistades que usted cultive en los meses y años venideros.

Notas
1. "Tel Dan Nature Reserve", *Israel Nature and National Parks Protection Authority*. http://www.parks.org.il/ParksENG/company_card.php3?CNumber=508953 (visto el 29 de febrero de 2004).
2. "Seasons and Months in Palestine", *Geography and the Bible*. http://www.bible-history.com/geography/seasons_months_israel.html (tomado el 29 de febrero de 2004).
3. Edgar Guest, "Be a Friend", *Poets´ Corner*. http://www.theotherpages.org/poems (tomado el 29 de febrero de 2004).
4. Bob Phillips, *Phillips´ Awesome Collection of Quips and Quotes* (Eugene, OR: Harvest House Publishers, 2001), p. 172.

guía de discusión
para líderes

LAS *bendiciones* DE LA AMISTAD

Pautas generales

1. Su función como facilitadora es lograr que las mujeres hablen y dialoguen sobre áreas en su vida que sean obstáculos en su crecimiento espiritual y su identidad personal.
2. Esté atenta al tiempo. Hay cuatro secciones en cada estudio. No pase demasiado tiempo en una sección a menos que sea obvio que Dios está obrando en la vida de las personas en un momento en particular.
3. Haga hincapié en que la reunión del grupo es un tiempo de animarse y compartir mutuamente. Realce la importancia de la confidencialidad: lo que se comparte quedará dentro del grupo.
4. El tiempo de compañerismo es muy importante a la hora de construir relaciones en un grupo. Proporcione refrescos y ligeros aperitivos o bien antes o después de cada sesión, pues eso fomentará un tiempo informal de compañerismo.
5. Anime a las mujeres a que escriban un diario, pues eso las ayuda a aplicar lo que aprenden y las mantiene enfocadas durante su tiempo de devocional personal.
6. La mayoría de las mujeres llevan vidas muy ocupadas. Respete a los miembros del grupo, al comenzar y terminar las reuniones con puntualidad.
7. Siempre comience y termine las reuniones con oración. Si su grupo es pequeño, haga que todo el grupo ore a la misma vez. Si es mayor de 10 miembros, forme grupos de 2 a 4 mujeres para compartir y orar las unas por las otras.

   Una sugerencia es asignar compañeras de oración cada semana. Anime a cada miembro del grupo a completar una hoja de peticiones de oración a medida que vayan llegando. Los miembros pueden seleccionar una petición de oración antes de irse de la reunión y orar por esa persona durante la semana. O dos mujeres pueden intercambiar peticiones de oración y después orar la una por la otra al final de la reunión y durante la

semana. Anímelas a llamar a su compañera de oración al menos una vez durante la semana.
8. Otra actividad muy valiosa es animar a las mujeres a que memoricen el versículo clave cada semana.
9. Prepárese. Ore por sus preparativos y por los miembros del grupo durante la semana. No permita que ni una sola persona domine el diálogo. Pida a Dios que le ayude a hacer hablar a las que están calladas sin ponerlas en evidencia.
10. Solicite la ayuda de otros miembros del grupo para proporcionar refrescos, saludar a las mujeres, dirigir un grupo de discusión, llamar a las no asistentes para animarlas, entre otras tareas. Cualquier cosa que pueda hacer para involucrar a las mujeres ayudará a que vuelvan cada semana.
11. Pase tiempo cada reunión adorando a Dios. Eso puede hacerse o bien al comienzo o al final de la reunión.

Cómo utilizar el material

Sugerencias para el estudio en grupo
Hay muchas maneras en que puede utilizarse este estudio en una situación de grupo. La forma más común es el formato de estudios bíblicos en grupos pequeños. Sin embargo, también puede utilizarse en una clase de escuela dominical para mujeres. Sea cual sea la forma en que escoja utilizarlo, estas son algunas pautas generales a seguir para el estudio en grupo:

- Mantener el grupo pequeño, con 8 hasta 12 participantes, probablemente sea el máximo para un ministerio eficaz, edificar relaciones y mantener el diálogo. Si usted tiene un grupo más grande, forme grupos pequeños para el tiempo de diálogo, seleccionando una facilitadora para cada grupo.
- Pida a las mujeres que se comprometan a una asistencia regular durante las ocho semanas del estudio. La asistencia regular es una clave para edificar relaciones y confianza en un grupo.
- Cualquier cosa que se discuta en las reuniones del grupo debe mantenerse en la más estricta confidencialidad entre los miembros del grupo solamente.

Sugerencias para relaciones de consejería
Este estudio también se presta al uso en relaciones en las cuales una mujer es consejera de otra mujer. La Escritura amonesta a las mujeres en particular a enseñar a otras mujeres (ver Tito 2:3-5).

- Una relación de consejería podría organizarse mediante un sistema establecido por una iglesia o ministerio de mujeres.
- Una manera menos formal de comenzar una relación de consejería es que una mujer más joven o una nueva creyente tome la iniciativa y se acerque a una mujer mayor o más madura espiritualmente que sea ejemplo de la vida de semejanza a Cristo, y le pida que se reúna con ella regularmente. O al contrario, podría ser una mujer más madura quien se acerque a otra mujer más joven o una nueva creyente para comenzar una relación de consejería.
- Cuando se le pide a alguien que sea consejera, ésta podría echarse atrás pensando que nunca podría hacerlo porque su propio caminar con el Señor es menos que perfecto. Pero al igual que se nos manda a discipular a los nuevos creyentes, debemos aprender a discipular a otros para fortalecer su caminar. El Señor ha prometido "estar con nosotros siempre" (Mateo 28:20).
- Cuando acuerde ser consejera de otra mujer, prepárese para aprender tanto o más que la mujer de la cual será usted su consejera. Ambas serán bendecidas por la relación de consejería edificada en la relación que ustedes tienen en el Señor.

Se proporcionan ayudas adicionales para las relaciones de consejería o para dirigir grupos pequeños en la *Guía para el ministerio de mujeres de Enfoque a la Familia*.

SESIÓN UNO
LA FUNCIÓN DE LAS RELACIONES:
De regreso al comienzo

Antes de la reunión

Los siguientes preparativos deberían realizarse antes de cada reunión:
1. Reunir materiales para hacer etiquetas de identificación (si las mujeres no se conocen ya y/o si usted no conoce los nombres de todas). También tenga bolígrafos o lápices extras y Biblias para prestar a cualquiera que pueda necesitarlos.
2. Hacer fotocopias de la hoja de peticiones de oración (disponible en la *Guía para el ministerio de mujeres de Enfoque a la Familia*) o proporcionar tarjetas para anotar las peticiones.

3. Leer sus propias respuestas, y marcar las preguntas que usted quiera en especial que el grupo discuta.

Actividades para romper el hielo

1. Distribuya hojas o tarjetas de peticiones de oración, y pida a cada mujer que al menosescriba su nombre, aun cuando no tenga peticiones de oración concretas. De esta forma, alguien puede orar por ella durante la siguiente semana. Esto se puede hacer cada semana. Sólo porque no tengamos una petición de oración concreta no significa que no necesitemos oración.
2. **Opción A**: Preséntese a usted misma y después comparta algo único sobre usted misma. Haga que cada mujer en el grupo haga algo similar.
Opción B: Haga que cada mujer comparta un don positivo que ella aporte a sus relaciones (ej.: saber escuchar, mantener bien el contacto, ser compasiva con los demás).

Discusión

1. *Mujer en la vida cotidiana* – Discuta la pregunta 2 con todo el grupo.
2. *Sabiduría eterna* – Discuta la pregunta 3 y luego repase el propósito de Eva y los efectos que tuvo la Caída tanto para Adán como para Eva. Haga que las mujeres formen grupos de dos o tres para responder a las preguntas 5 a 9.
3. *Una esperanza inquebrantable* – En los mismos grupos, haga que las mujeres compartan sus respuestas a las preguntas 10 y 15. Reúna a todas en un sólo grupo einvite a una voluntaria de cada grupo a compartir las respuestas de su grupo a lapregunta 15. Invite voluntarias para compartir cosas generales que aprendieron de susrespuestas a las preguntas más personales 11 a 14.
4. *Vida diaria* – Dirija al grupo en una discusión sobre el resultado de situar a otras relaciones por encima de nuestra relación con Dios. Si las mujeres en su grupo se conocen las unas a las otras, podría usted invitar voluntarias a compartir sus respuestas a las preguntas 17 o 18.
5. *Terminar en oración* – Dirija al grupo en una oración como conclusión. Cuando las mujeres se preparen para irse, haga que cada una intercambie una hoja de peticiones de oración con otra mujer, y anime a las mujeres a orar las unas por las otras durante la próxima semana.
6. *Fomentar la memorización de la Escritura* – Una forma muy eficaz de fortalecer nuestra relación con Dios es memorizar su Palabra. Anime a las mujeres a que memoricen el versículo clave de la semana o un versículo de la lección que fuese especialmente útil para ellas. Proporcione una oportunidad en

cada reunión para que las mujeres reciten de memoria los versículos. La *Guía para el ministerio de mujeres de Enfoque a la Familia* contiene información adicional sobre fomentar la memorización de la Escritura.

Después de la reunión

1. *Evaluar* – Pase tiempo evaluando la eficacia de la reunión (consulte la sección de hojas para fotocopiar de la *Guía para el ministerio de mujeres de Enfoque a la Familia*).
2. *Fomentar* – Durante la semana, intente ponerse en contacto con cada mujer (mediante llamadas teléfonicas, notas de ánimo, mensajes instantáneos o de correo electrónico) para invitarlas al estudio. Póngase a disposición de ellas para contestar cualquier pregunta o preocupación que las mujeres puedan tener y llegue a conocerlas en general. Si tiene un grupo grande, obtenga la ayuda de otras mujeres en el grupo para ponerse en contacto con las demás.
3. *Equipar* – Complete los estudios bíblicos.
4. *Orar* – Prepárese en oración para la siguiente reunión, orando por cada mujer y por su propia preparación. Dialogue con el Señor sobre cualquier aprehensión, emoción o cualquier otra cosa que esté en su mente con respecto al material de los estudiosbíblicos o los miembros del grupo. Si se siente inadecuada o poco preparada, pida fortaleza y perspectiva. Si se siente cansada o cargada, pida el yugo ligero de Dios. Cualquiera que sea su necesidad, pídale a Dios por eso. ¡Él proveerá!

SESIÓN DOS
CLASE BÁSICA SOBRE RELACIONES:
El modelo perfecto

Antes de la reunión

1. Realice los preparativos usuales como se enumeran en las páginas 85-86.
2. Realice los preparativos necesarios para la actividad para romper el hielo.
3. Tenga preparados papel o una pizarra y rotuladores para el tiempo de enseñanza.

Actividades para romper el hielo

1. Distribuya hojas o tarjetas de peticiones de oración, y anime a las mujeres aescribir sus nombres, aun cuando no tenga peticiones de oración concretas esta semana.
2. Invite voluntarias para recitar de memoria el versículo o recítenlo como grupo.
3. Antes de que llegue alguien, llene tres tipos de envases (preferiblemente de cristal transparente) con la misma medida de agua: un molde de hornear rectangular, un tazón grande y bajo, y un vaso alto y fino.
   Después de que hayan llegado todas, pregúnteles cuál de los envases contiene más agua; el vaso parecerá tener más. Utilice esta ayuda visual para comenzar la discusión sobre tener amistades demasiado superficiales. Diga algo como lo siguiente: **Aunque todas tenemos la misma cantidad de "agua" (tiempo, energía y recursos), el modo en que escojamos utilizarla determinará lo llenas o satisfechas que nos sintamos.**
4. Pida voluntarias para compartir formas en que una amiga las alentó la pasada semana.

Discusión

1. *Mujer en la vida cotidiana* – Invite a unas cuantas voluntarias a compartir sus respuestas a la pregunta 1. Discutan lo que encontraron más abrumador sobre mantener varias relaciones a la vez.
2. *Sabiduría eterna* – Repase brevemente el modelo para las relaciones que Cristo demostró durante su ministerio visible. Haga que las mujeres formen

grupos pequeños de tres o cuatro para discutir las preguntas 3 a la 11. Luego reúnanse otra vez en un sólo grupo y discutan la pregunta 13.

3. *Una esperanza inquebrantable* – Discutan la pregunta 16. Si su ministerio de mujeres no tiene un programa formal de tutoría, este podría ser un buen momento para hablar de comenzar uno. La *Guía para el ministerio de mujeres de Enfoque a la Familia* tiene más información para ayudarla a desarrollar un programa de consejería.
4. *Vida diaria* – Discuta con todo el grupo la importancia del compromiso en la amistad. Compartan ideas por las que podamos alentar, enseñar y estar satisfechas en relaciones significativas. Escriba las sugerencias en papel o la pizarra.
5. *Terminar en oración* – Haga que las mujeres formen parejas y oren mutuamente por sus relaciones para que encuentren satisfacción en unas pocas y profundas amistades en lugar de tener muchas y superficiales. Haga que las mismas parejas intercambien hojas o tarjetas de peticiones de oración para la semana.

Después de la reunión

1. **Evaluar.**
2. **Fomentar.**
3. **Equipar.**
4. **Orar.**

SESIÓN TRES
TENDER LA MANO:
Cómo alentar a los demás

Antes de la reunión

1. Realice los preparativos usuales como se enumeran en las páginas 85-86.
2. Realice los preparativos necesarios para la actividad de romper el hielo que usted escoja.
3. Realice una versión en grande del esquema de aliento de la sección "Vida diaria" de esta sesión. Una pizarra grande o cartulinas grandes funcionarán bien. Enumere a cada mujer del grupo. Si tiene un grupo de más de

ocho mujeres, podría considerar formar grupos más pequeños para completar la actividad.
4. Consiga una cesta u otro envase para la sección "Terminar en oración".

Actividades para romper el hielo

1. Distribuya hojas o tarjetas de peticiones de oración, y recuerde a las mujeres queescriban sus nombres, aun cuando no tenga peticiones de oración concretas esta semana.
2. Invite a una voluntaria a dirigir a las demás mujeres a recitar el versículo de memoria. Invite a una voluntaria a recitar también los versículos de las sesiones anteriores.
3. **Opción 1:** Durante la semana, prepare una breve nota de aliento para cada mujer del grupo. Esas notas de aliento no tienen que ser largas o elaboradas, pero sí debieran ser personales. Puede que usted quiera usar papel bonito o tarjetas. No importa lo bien que conozca a cada mujer, encuentre al menos un área en la vida de cada mujer sobre la cual pueda alentar, consolar o elogiar a esa mujer.

    A medida que lleguen las mujeres, entrégueles las notas personales que haya preparado de antemano. Después de que las mujeres hayan llegado, pregúnteles cómo les hizo sentir la nota; luego discutan brevemente el poder del aliento. **Opción 2:** Invite voluntarias a compartir cómo han aplicado la lección de la sesión 2.
4. Comprender el contexto y significado originales de los pasajes que estudiamos esimportante. Pase algún tiempo explicando por qué usar diccionarios de hebreo ygriego, al igual que otros materiales de estudio, puede ayudarnos a comprender la Biblia. Tenga al menos un diccionario disponible para que las mujeres lo consulten —puede que pueda usar uno de la librería de su iglesia o tomar prestado uno de su pastor— y haga una breve demostración sobre cómo usarlo (o invite al pastor u otra invitada a demostrar su uso).

Discusión

1. *Mujer en la vida cotidiana* – Haga que las mujeres compartan los proverbios que escribieron para la pregunta 3. Podría ser útil que usted fuese la primera en compartir.
2. *Sabiduría eterna* – Diga a las mujeres si tienen alguna pregunta sobre las palabras griegas discutidas en esta sección. Tenga muy presente a las mujeres que no estén tan familiarizadas con la Biblia como las nuevas

cristianas. Discutan las preguntas 4 a la 7. Invite voluntarias para compartir sus respuestas a la pregunta 8.
3. *Una esperanza inquebrantable* – Forme grupos de tres o cuatro mujeres y que cada grupo haga una lista como respuesta a la pregunta 9. Después indique a las mujeres que discutan brevemente las preguntas 10 a la 13. Tras unos cuantos minutos de discusión, haga que los grupos compartan tres ideas de sus respuestas a la pregunta 9. Sin dar nombres, invite voluntarias a compartir sus palabras de aliento de su lista.
4. *Vida diaria* – Vuelva a hacer el esquema de la página 34, añadiendo filas suficientes para cada mujer del grupo. Complete el esquema con la información de cada mujer. Si tiene poco tiempo, podría tener el esquema preparado al comienzo de la reunión y dar instrucciones a las mujeres de completar su información personal antes del comienzo de la reunión. Anime a las mujeres a copiar el esquema y utilizar la información para alentar a otras mujeres del grupo durante las semanas que restan de estudio o haga que una voluntaria recopile la información y distribuya una copia a cada mujer en la reunión de la semana siguiente.
5. *Terminar en oración* – Dirija al grupo en oración, pidiendo al Señor que les enseñe a cada una lo que significa alentar a otros. Haga que cada mujer saque una hoja o tarjeta de peticiones de oración de una cesta y ore por esa petición durante la semana.

Después de la reunión

1. **Evaluar.**
2. **Fomentar.**
3. **Equipar.**
4. **Orar.**

SESIÓN CUATRO
PREPARADAS PARA REVELARNOS:
Cómo ser sinceras y vulnerables

Antes de la reunión

1. Realice los preparativos usuales como se enumeran en las páginas 85-86.
2. Realice los preparativos necesarios para la actividad para romper el hielo.
3. Tenga preparada una cesta u otro envase para la sección "Terminar en oración".

Actividades para romper el hielo

1. Distribuya hojas o tarjetas de peticiones de oración, y recuerde a las mujeres queescriban sus nombres, aun cuando no tenga peticiones de oración concretas esta semana.
2. Invite a una voluntaria a dirigir a las demás mujeres a recitar el versículo de memoria. Invite a una voluntaria a recitar también los versículos de las sesiones anteriores.
3. Dé a las mujeres unos cuantos minutos para pensar en dos frases verdaderas y una falsa sobre ellas mismas (personalidad, experiencias, relatos humorísticos, etc.). A medida que cada mujer comparta sus frases, las demás mujeres deben decidir qué frase es falsa y escribirla en una hoja de papel. Cuando todas hayan finalizado, descubran qué mujer acertó más frases falsas. Tenga un pequeño premio para la ganadora. Discutan brevemente por qué nos ponemos una máscara delante de los demás.

Discusión

1. *Mujer en la vida cotidiana* – Discutan las preguntas 1 y 2.
2. *Sabiduría eterna* – La raíz del obstáculo para la vulnerabilidad sana es el orgullo. Discutan las distintas formas que puede adoptar el orgullo. Discutan la pregunta 3 e invite voluntarias para compartir qué tipo de aguijones en la carne les ha dado Dios en el pasado (o el presente) para mantenerlas humildes. Discutan las preguntas 4 a la 9.
3. *Una esperanza inquebrantable* – Haga que cada mujer lea una de las frases del esquema de "vulnerabilidad es" y "vulnerabilidad no es" y ponga un

ejemplo.Continúe hasta que todo el esquema se haya explicado, dirigiendo y añadiendocomentarios cuando sea necesario. Invite voluntarias para compartir sus respuestas a la pregunta 12.
4. *Vida diaria* – Discutan las mentiras con las que Satanás intenta alimentar a las mujeres para mantenerlas atrapadas en una jaula de aislamiento y silencio. Discutan: ¿Qué ocurre cuando nos implicamos en la vulnerabilidad mutua? ¿Cómo podemos ser más vulnerables las unas con las otras?
5. *Terminar en oración* – Forme grupos de tres o cuatro mujeres y haga que cada mujer ore por otra en las áreas de la honestidad, la humildad y la vulnerabilidad. Ponga todas las hojas o tarjetas de peticiones de oración en una cesta u otro envase y que cada mujer agarre una cuando se vaya.

Después de la reunión

1. **Evaluar.**
2. **Fomentar.**
3. **Equipar.**
4. **Orar.**

SESIÓN CINCO
¡RING! ¡RING! ¿HAY ALGUIEN EN CASA?:
El delicado arte de escuchar

Antes de la reunión

1. Realice los preparativos usuales como se enumeran en las páginas 85-86.
2. Realice los preparativos necesarios para la actividad para romper el hielo.
3. Reúna cartulinas o una pizarra para las secciones "Una esperanza inquebrantable" y "Vida diaria", y una cesta u otro envase para la sección "Terminar en oración".

Actividades para romper el hielo

1. Distribuya hojas o tarjetas de peticiones de oración, y recuerde a las mujeres queescriban sus nombres, aun cuando no tenga peticiones de oración concretas esta semana.
2. Invite a una voluntaria a dirigir a las demás mujeres al recitar el versículo de memoria. Invite a una voluntaria a recitar también los versículos de las sesiones anteriores.
3. Antes de la reunión busque un teléfono, una taza de café (con o sin café), un gran signo de interrogación de papel, un reloj y una caja de pañuelos de papel. Entregue cada objeto a una mujer del grupo. Una a una, pida a cada mujer que explique lo que su objeto podría tener que ver con el arte de escuchar.

Discusión

1. *Mujer en la vida cotidiana* – Diga algo como lo siguiente: **¿Fueron ustedes más inhibidas esta semana respecto a la cantidad de tiempo que pasan hablando en lugar de escuchando? ¡Yo sí que lo fui! ¿No es increíble lo egocéntricas que podemos llegar a ser? ¿Por qué creen que tenemos la tendencia a comportarnos como si tuviéramos dos bocas y solamente un oído?**
2. *Sabiduría eterna* – Discutan las preguntas 2 a la 6, enfocándose en las tres etapas de escuchar: oír, considerar y responder. Pregunte: **¿Por qué generalmente las mujeres escuchan tan mal hasta que oímos un jugoso chisme? ¡Entonces somos todo oídos!** Discutan la importancia de escuchar con discernimiento y negarse a entretener la charla sin sentido, el lenguaje o temas inadecuados, los chismes y la blasfemia.
3. *Una esperanza inquebrantable* – Explique: **Consolar a quienes se duelen o están pasando por una situación difícil es una de las mayores bendiciones que podemos ofrecerles.** Discutan los errores que cometieron los tres amigos de Job y el valor del silencio. Haga que las mujeres compartan otras maneras de consolar a quienes se sufren. Escriba sus ideas en cartulinas o una pizarra. Si alguien en el grupo o alguien a quien conozca alguna mujer del grupo que esté atravesando un momento difícil en la actualidad, hagan planes para poner en práctica las ideas para esa persona.
4. *Vida diaria* – Reitere que la prueba 2-P es una excelente forma de mostrar a alguien que usted está interesada en quién es ella y lo que tiene que decir. Pregunte: **¿Cuáles son otras maneras en que podemos comunicar respeto y un interés genuino?** Pasen el resto del tiempo compartiendo

ideas sobre cómo escuchar y responder bien. Puede que quiera escribir sus ideas en cartulinas o una pizarra como recordatorio para el grupo.
5. *Terminar en oración* – Dirija al grupo en oración, pidiendo a Dios que haga que cada miembro del grupo sea una buena administradora de los dos oídos y la boca que Él le ha dado. Haga que cada mujer agarre una hoja o tarjeta de peticiones de oración de una cesta u otro envase cuando se vaya. Anímelas a ponerse en contacto con su compañera de oración al menos una vez durante la semana.

Después de la reunión

1. **Evaluar.**
2. **Fomentar.**
3. **Equipar.**
4. **Orar.**

SESIÓN SEIS
CÓMO RECIBIR Y APLICAR CORRECCIÓN:
Revestidas de gracia y humildad

Antes de la reunión

1. Realice los preparativos usuales como se enumeran en las páginas 85-86.
2. Realice los preparativos necesarios para la actividad para romper el hielo.
3. Consiga un espejo de aumento para la sección "Una esperanza inquebrantable", cartulinas o una pizarra para la sección "Vida diaria" y una cesta u otro envasepara la sección "Terminar en oración".

Actividades para romper el hielo

1. Distribuya hojas o tarjetas de peticiones de oración, y recuerde a las mujeres queescriban sus nombres, aun cuando no tenga peticiones de oración concretas esta semana.

2. Invite a una voluntaria a dirigir a las demás mujeres al recitar el versículo de memoria. Invite a una voluntaria a recitar también los versículos de las sesiones anteriores.
3. Recorte cuatro o cinco fotografías de una revista de decoración. Intente escoger fotografías que harían que la gente adoptara una fuerte opinión sobre el diseño: que les gustase mucho o nada (ej.: contemporánea, campestre, tradicional). Ponga cada fotografía en una carpeta por separado. Invite a una voluntaria a salir al frente, muéstrele una fotografía y pídala que la describa para el grupo sin hacer ningún juicio sobre ella. Por ejemplo, si está describiendo una habitación de estilo campestre, ellano puede decir la palabra "campestre", pero puede nombrar las cosas que vea en la fotografía. Una vez que el grupo haya adivinado el estilo del diseño, escoja otra voluntaria y repita el proceso, utilizando las carpetas restantes.

Discusión

1. *Mujer en la vida cotidiana* – Invite a varias voluntarias a compartir sus respuestas a la segunda parte de la pregunta 1. Discutan la segunda parte de la pregunta 2.
2. *Sabiduría eterna* – Discutan la cita de Elisabeth Elliot. Luego discutan las preguntas 3 a la 6. Pregunte: **¿De qué otras maneras nos disciplina el Señor?**

    Explique: **Una de las cosas más difíciles de aceptar es la disciplina inmerecida.** Discutan las respuestas de las mujeres a la pregunta 9; luego discutan las preguntas 10 y 11. (Las respuestas a la pregunta 11: pecado, solo, uno, dos, la iglesia, no creyente). Repasen los cuatro elementos de la confrontación: preguntar, orar, confrontar y seguimiento. Pregunte a las mujeres si tienen alguna pregunta.
3. *Una esperanza inquebrantable* – Si es posible, tenga disponible un espejo de aumento como ayuda visual. Siéntanse libres para reírse juntas acerca de nuestra tendencia a ocultar nuestros defectos, etc. Pregunte: **¿Qué hace que no queramos conocer nuestros fallos?** Aplique las respuestas de las mujeres a la corrección a otros.
4. *Vida diaria* – En cartulinas o una pizarra, haga las columnas tal como se explica en esta sección. Haga que una voluntaria sugiera un escenario en el cual alguien necesite ser confrontado (o presente uno usted misma). Haga que el grupo complete el esquema creado utilizando el escenario sugerido.
5. *Terminar en oración* – Forme grupos de tres o cuatro mujeres, y haga que las mujeres en cada grupo oren las unas por las otras para ser humildes y

aptas para aprender. Ponga las hojas o tarjetas de peticiones de oración en una cesta u otro envase, y quecada mujer agarre una cuando se vaya.

Después de la reunión

1. **Evaluar.**
2. **Fomentar.**
3. **Equipar.**
4. **Orar.**

SESIÓN SIETE
RESCATE DEL NAUFRAGIO:
El perdón

Antes de la reunión

1. Realice los preparativos usuales como se enumeran en las páginas 85-86.
2. Realice los preparativos necesarios para la actividad para romper el hielo.
3. Realice los preparativos necesarios para la actividad de "Vida diaria", y consiga una cesta u otro envase para la sección "Terminar en oración".

Actividades para romper el hielo

1. Distribuya hojas o tarjetas de peticiones de oración, y recuerde a las mujeres queescriban sus nombres, aun cuando no tenga peticiones de oración concretas esta semana.
2. Invite a una voluntaria a dirigir a las demás mujeres a recitar el versículo de memoria. Invite a una voluntaria a recitar también los versículos de las sesiones anteriores.
3. Escriba las siguientes citas en cartulinas o una pizarra y póngalas por la habitación. Hablen sobre las citas, preguntando a las mujeres si están de acuerdo o en desacuerdo y que expliquen su elección.

"Cuanto más conoce un hombre, más perdona".

—Catalina la Grande[1]

"El perdón es la fragancia que la violeta derrama sobre el talón que la ha aplastado".

—Mark Twain[2]

"Es más fácil perdonar a un enemigo que perdonar a un amigo".

—William Blake[3]

"El cristiano descubrirá que es más barato perdonar que resentir. El perdón ahorra los gastos de la ira, el coste del odio, el desperdicio del ánimo".

—Hannah More[4]

Discusión

1. *Mujer en la vida cotidiana* – Discutan la pregunta 1. Luego pregunte por qué las heridas son inevitables en las relaciones.
2. *Sabiduría eterna* – Pregunte: ¿Están de acuerdo en que no sanamos para perdonar, sino que perdonamos para sanar? ¿Por qué o por qué no? Discutan las preguntas 2 y 4 a la 8. Discutan: ¿Por qué es importante pedir perdón por cualquier pecado pequeño que haya cometido contra alguien que le haya herido?
3. *Una esperanza inquebrantable* – Hablen sobre la omnisciencia de Dios (pregunta 9) y su perdón (pregunta 10). Recuerde a las mujeres que el sendero hacia el perdón comienza con las palabras de los discípulos: "Auméntanos la fe" (Lucas 17:5).
4. *Vida diaria* – Antes de la reunión, prepare pequeñas hojas de papel para cada mujer del grupo y reúna bolígrafos y lápices. Baje un poco las luces, encienda velas y ponga música suave sobre el tema del perdón, si es posible, aunque la música instrumental también irá bien. Durante este tiempo, invite a las mujeres a escribir en las hojas de papel las iniciales de las personas que Dios haya traído a sus mentes cuando trabajaron en esta sección, al igual que las ofensas que fueron cometidas contra ellas. Después de un tiempo de oración, destruyan todas las hojas de papel en el fuego de la chimenea, en una barbacoa en el exterior o prendiéndoles fuego de modo que signifique el perdón.
5. *Terminar en oración* – Dirija al grupo en un tiempo de oración de gratitud, alabando a Jesucristo por expiar nuestros pecados y capacitarnos para perdonar las ofensas de otras personas que son tan pequeñas en comparación. Recuerde a las mujeres que tomen de la cesta una hoja o tarjeta de

peticiones de oración cuando se marchen. Anímelas a ponerse en contacto con su compañera de oración al menos una vez durante la semana.

Después de la reunión

1. **Evaluar.**
2. **Fomentar.**
3. **Equipar.**
4. **Orar.**

Notas

1. Bob Phillips, *Phillips´ Awesome Collection of Quips and Quotes* (Eugene, OR: Harvest House Publishers, 2001), p. 161.
2. Ibid., p. 162.
3. Ibid., p. 161.
4. Ibid., p. 162.

SESIÓN OCHO
RESULTADO DE LAS RELACIONES CORRECTAS:
Las bendiciones de la amistad

Antes de la reunión

1. Realice los preparativos usuales como se enumeran en las páginas 85-86.
2. Realice los preparativos necesarios para la actividad para romper el hielo.
3. Realice los preparativos necesarios para la sección "Una esperanza inquebrantable" y para la actividad de "Vida diaria" que usted escoja.
4. Haga fotocopias de la hoja de repaso de estudio (ver la *Guía para el ministerio de mujeres de Enfoque a la Familia*, sección "Hojas para fotocopiar").

Actividades para romper el hielo

1. Distribuya hojas o tarjetas de peticiones de oración, y recuerde a las mujeres queescriban sus nombres, aun cuando no tenga peticiones de oración concretas esta semana.
2. Invite a una voluntaria a dirigir a las demás mujeres al recitar el versículo de memoria. Invite a una voluntaria a recitar los versículos de las ocho sesiones. Esté preparada con un regalo para quienes hayan memorizado los ocho versículos.
3. Pida voluntarias para compartir formas en que hayan crecido a lo largo del curso de este estudio. Permita que haya tiempo para esta actividad, ya que el principal objetivo de la sesión de hoy es reflexionar sobre las maneras en que cada una haya crecido.

Discusión

1. *Mujer en la vida cotidiana* – Antes de la reunión, pida a dos o tres mujeres que compartan las historias que escribieron para esta sección. Sea sensible y comprensiva si declinan su invitación. Después de compartir su historia, dé a las voluntarias la oportunidad de compartir.
2. *Sabiduría eterna* – Discutan la metáfora del cuerpo que Pablo usaba para explicar el Cuerpo de Cristo; luego discutan brevemente las preguntas 2 a la 6. Forme pequeños grupos de tres o cuatro mujeres e indique a cada grupo que piense en otra analogía que describa el valor de las amistades. Haga que cada grupo comparta su analogía con todo el grupo.
3. *Una esperanza inquebrantable* – Antes de la reunión, llene una pequeña jarra de cristal de aceite de oliva y una gota de perfume, y llene un jarro de agua. Consiga también una fotografía de Jerusalén (de un libro o en Internet) y un barreño. Lean juntas y en voz alta el Salmo 133; a medida que va pasando la jarra, pregunte: **¿Qué simboliza el aceite de la unción?** Muestre la fotografía de Jerusalén y pregunte: **¿Qué palabras les vienen a la mente cuando oyen el sonido del agua? ¿Cómo se aplican esas palabras a las bendiciones de las amistades y la unidad entre hermanas en Cristo?**
4. *Vida diaria* – **Opción 1:** En cartulinas o una pizarra, copie el esquema de esta sección. Indique a las mujeres que compartan los comentarios personales que escribieron para cada característica de las verdaderas amistades.
    Opción 1: Esta actividad final se llama "Las relaciones son como la pizza". El objetivo es que haya diversión y aliento: ¡el modo perfecto de finalizar su estudio sobre las relaciones! La actividad puede ser tan sencilla o tan elaborada como usted escoja. Para un esfuerzo mínimo, escoja a

la persona que esté a su derecha y diga: **"Si las relaciones fueran como la pizza,** [diga el nombre de la mujer] **sería el** [nombre el ingrediente de la pizza que mejor describa su personalidad e intereses] **porque..."**. Por ejemplo: "Si las relaciones fueran como la pizza, Mónica sería el queso porque ella hace que todo esté junto". Puede usted usar ingredientes de verdad o puede crear su propio tipo. Si tiene usted el tiempo y la energía, convierta esta actividad en un show humorístico de cocina, haciendo una pizza de verdad, a medida que se asigna cada ingrediente y después se comparte (o mantenga caliente una pizza en el horno que puedan comerse enseguida). Si tiene usted un grupo grande, haga que las mujeres formen grupos de seis a ocho para realizar esta actividad.

5. *Terminar en oración* – Como grupo, den gracias al Señor por las muchas cosas que Él haya enseñado a cada mujer en las pasadas semanas acerca de las relaciones. También puede escoger orar una bendición especial sobre cada una de las mujeres presentes.

Después de la reunión

1. **Evaluar** – Distribuya las hojas de repaso del estudio para que las mujeres se las lleven a sus casas. Comparta sobre la importancia de recibir sus impresiones y pídales que tomen tiempo durante la semana para escribir su repaso de las reuniones del grupo y luego devolverle a usted las hojas.
2. **Fomentar** – Póngase en contacto con cada mujer durante la semana para invitarla al siguiente estudio bíblico de la Serie para mujeres de Enfoque a la Familia.
3. **Equipar.**
4. **Orar.**

ENFOQUE A LA FAMILIA

¡Bienvenida a la familia!

Al participar en la *Serie para mujeres de Enfoque a la Familia*, es nuestra esperanzadora oración que Dios profundice su comprensión del plan que Él tiene para usted y que Él fortalezca las relaciones de las mujeres en su congregación y su comunidad.

Esta serie es solamente uno de los muchos recursos útiles, penetrantes y alentadores producidos por Enfoque a la Familia. De hecho, de eso se trata Enfoque a la Familia: de proporcionar a las personas inspiración, información y consejo bíblicamente basado en todas las etapas de la vida.

Comenzó en el año 1977 con la visión de un hombre: el Dr. James Dobson, psicólogo licenciado y autor de 18 libros de éxito de ventas sobre el matrimonio, la paternidad y la familia. Alarmado por las presiones sociales, políticas y económicas que amenazaban la existencia de la familia estadounidense, el Dr. Dobson fundó Enfoque a la Familia con sólo un empleado y un programa de radio semanal que se emitía solamente en 36 estaciones.

Como organización internacional en la actualidad, el ministerio está dedicado a preservar los valores judeocristianos y fortalecer y alentar a las familias mediante el mensaje, que cambia vidas, de Jesucristo. Los ministerios Enfoque alcanzan a familias en todo el mundo a través de 10 emisiones de radio independientes, dos programas de televisión de reportajes sobre noticias, 13 publicaciones, 18 páginas web, y una sólida serie de libros y películas ganadoras de premios y vídeos para personas de todas las edades e intereses.

¡Nos encantaría tener noticias suyas!

Para recibir más información sobre el ministerio, o si podemos ser de ayuda para su familia, simplemente escriba a Enfoque a la Familia, Colorado Springs, CO 80995 o llame al 1-800-A-FAMILY (1-800-232-6459). Los amigos en Canadá pueden escribir a Enfoque a la Familia, P.O. Box 9800, Stn. Terminal, Vancouver. B.C. V6B-4G3 o llamar al 1-800-661-9800. Visite nuestra página web —www.family.org— para aprender más acerca de Enfoque a la Familia o para ver si hay una oficina asociada en su país.

¡Dirija a las mujeres en su iglesia en un viaje de comunión y mucha diversión!

Adquiérala ahora en su librería más cercana o llame a su representante de ventas

1-800-987-8432 - (407) 333-7117 - Fax (407) 333-7147
www.casacreacion.com